A ALMA
BRASILEIRA

Dados Internacionais de Catalogação na Publicação (CIP)
(Câmara Brasileira do Livro, SP, Brasil)

A alma brasileira : luzes e sombra / Walter Boechat (org.). - Petrópolis, RJ : Vozes, 2014. - (Coleção Reflexões Junguianas)

Vários autores.
Bibliografia.

5ª reimpressão, 2025.

ISBN 978-85-326-4861-7

1. Alma 2. Arquétipo (psicologia) 3. Personalidade 4. Psicologia existencial 5. Psicologia junguiana I. Título II. Série.

14-08920 CDD-150.192

Índices para catálogo sistemático:
1. Alma brasileira : Psicologia arquetípica
150.192

Walter Boechat

A ALMA BRASILEIRA
Luzes e sombra

XXII Congresso da Associação Junguiana do Brasil
Walter Boechat (org.)
Michel Maffesoli
Iduína Mont'Alverne Chaves e Alberto Filipe Araújo
Cristiana de Assis Serra
Teresinha V. Zimbrão da Silva
Elisabeth Bauch Zimmermann
José Jorge de Morais Zacharias
Lygia Aride Fuentes
Vivian Verônica Buck
Isabela Fernandes
Gil Antonio de Britto Duque

EDITORA VOZES

Petrópolis

© 2014, Editora Vozes Ltda.
Rua Frei Luís, 100
25689-900 Petrópolis, RJ
www.vozes.com.br
Brasil

Todos os direitos reservados. Nenhuma parte desta obra poderá ser reproduzida ou transmitida por qualquer forma e/ou quaisquer meios (eletrônico ou mecânico, incluindo fotocópia e gravação) ou arquivada em qualquer sistema ou banco de dados sem permissão escrita da editora.

CONSELHO EDITORIAL

Diretor
Volney J. Berkenbrock

Editores
Aline dos Santos Carneiro
Edrian Josué Pasini
Marilac Loraine Oleniki
Welder Lancieri Marchini

Conselheiros
Elói Dionísio Piva
Francisco Morás
Teobaldo Heidemann
Thiago Alexandre Hayakawa

Secretário executivo
Leonardo A.R.T. dos Santos

PRODUÇÃO EDITORIAL

Anna Catharina Miranda
Eric Parrot
Jailson Scota
Marcelo Telles
Mirela de Oliveira
Natália França
Priscilla A.F. Alves
Rafael de Oliveira
Samuel Rezende
Verônica M. Guedes

Editoração: Fernando Sergio Olivetti da Rocha
Diagramação: Sandra Bretz
Capa: Omar Santos
Ilustração de capa: Mandala produzida por uma paciente de Jung e reproduzida por ele em Os arquétipos e o inconsciente coletivo, vol. 9/1 da Obra Completa. 5. ed. Petrópolis: Vozes, 2007, p. 341, nota 182.

ISBN 978-85-326-4861-7

Este livro foi composto e impresso pela Editora Vozes Ltda.

Agradecimentos

Agradecemos a todos aqueles que colaboraram de várias maneiras para a realização de mais esse Congresso da Associação Junguiana do Brasil. Em especial: ao suporte da Editora Vozes e sua disponibilidade de realização deste livro. Agradecemos também ao esforço da Comissão Executiva do Congresso e da Firma Correia e Sousa Eventos por suas múltiplas tarefas de organização, divulgação e planificação do evento. Nosso especial agradecimento à Comissão Científica do Congresso, que muito trabalhou na seleção do grande número de trabalhos inscritos e na organização das diversas atividades. Nosso especial agradecimento a nossa colega Dra. Maria Cecília Zanatta, pelo seu incansável trabalho criativo em todas essas frentes de atividades.

Walter Boechat

Sumário

Prefácio, 9

I. A multiplicidade da alma brasileira, 17

1 Iniciação, arquétipos e Pós-modernidade, 19
   Michel Maffesoli

2 Entre as luzes e as sombras – Em busca dos mitologemas da alma brasileira na perspectiva de Gilbert Durand, 42
   Iduína Mont'Alverne Chaves
   Alberto Filipe Araújo

3 Luzes e sombra da alma brasileira – Um país em busca de identidade, 71
   Walter Boechat

4 De Sodoma à Samaria – Cristianismo, homofobia e alteridade no Brasil, 94
   Cristiana de Assis Serra

5 A alma brasileira na literatura machadiana – Complexo cultural de cordialidade, 114
   Teresinha V. Zimbrão da Silva

6 O tempo e o vento – Traços da alma brasileira, 129
   Elisabeth Bauch Zimmermann

II. A alma brasileira africana, 145

1 Uma breve análise psicológica de Exu, 147
   José Jorge de Morais Zacharias

2 Tornar-se o que se é no sentido da filosofia ubuntu africana e o sentido para a individuação na e da cultura brasileira, 171
Lygia Aride Fuentes

3 A alma ancestral africana bate à porta dos consultórios de análise – Estaremos prontos para recebê-la?, 194
Vivian Verônica Buck

III. A alma brasileira ameríndia, 217

1 Os irmãos criadores: um mito de origem brasileira, 219
Isabela Fernandes

2 A tradição guarani e o eterno retorno, 239
Gil Antonio de Britto Duque

Prefácio

Walter Boechat

> *A América Latina é a única cultura realmente nova criada por seres humanos na história. A Ásia é continuação da velha Ásia, com o acréscimo da tecnologia, mas sem uma mudança radical. A África não tem modernidade, não pode ainda ultrapassar o trauma do colonialismo. A Europa é uma continuação de si-mesma, e a América do Norte uma continuação da Europa numa vestimenta hipertecnológica. Apenas a América Latina é uma nova complexidade.*
>
> ZOJA, L. *"Entrevista a Gustavo Barcellos"*. Cadernos Junguianos, n. 2, 2006.

O XXII Congresso da Associação Junguiana do Brasil elegeu como tema a *Alma Brasileira, Luzes e Sombra*. Esse título não encerra um erro de concordância gramatical, como pode parecer. A palavra "Sombra" aponta para aspectos sombrios da alma brasileira carentes de atenção e que correm paralelos às suas muitas "luzes", e ao mesmo tempo é uma referência ao conceito junguiano de "Sombra", aquela parte da personalidade de difícil acesso, incompatível com os valores que nós ingenuamente atribuímos a nós mesmos, um ideal de ego elevado.

O próprio título do evento aponta para a questão importante da intersecção da alma brasileira coletiva e a alma dos indivíduos, como elas se afetam, como a memória ancestral de todo um povo afeta o comportamento de cada pessoa. Cada vez se torna mais claro que a compreensão da alma brasileira é fundamental para o melhor entendimento de cada um de nós em nossa particularidade. Nesses tempos de emergência do novo paradigma, quando as disciplinas não podem ser mais compartimentalizadas, o psicólogo estende suas mãos para o sociólogo e o antropólogo para entender a complexidade da alma brasileira.

O olhar para as raízes do Brasil é como uma anamnese de um indivíduo, seus traumas, suas descobertas, suas transformações, sua possibilidades. A compreensão da alma brasileira não é tarefa fácil devido à sua natureza eminentemente multicultural. Nossa identidade como povo ainda não se completou, não é um todo acabado, mas é muito mais um *processo*. Qual o futuro desse processo? Talvez daí resulte a fascinação que a alma brasileira exerça sobre muitos no Brasil e principalmente no estrangeiro, esse seu caráter mutável. Enquanto a cultura europeia ocidental apresenta-se em geral como um todo acabado, a América Latina e o Brasil, em particular, mantêm esse caráter de potencialidades e desdobramentos, embora com inúmeros e graves problemas.

Outro aspecto fascinante de nossa identidade brasileira é sua multiculturalidade. O processo de colonização da América do Norte se deu por famílias regidas por rigorosos princípios do puritanismo protestante, onde predominou a exclusão dos nativos e escravos. No Brasil, ao contrário, a miscigenação foi o processo dominante. Embora em nossa história estivemos longe de uma democracia racial, logo os afrodescendentes e brasilíndios passaram a constituir maioria entre a população geral, produzindo uma população de ampla predominância mestiça.

Embora tenha havido toda a mortandade indígena por ocasião dos descobrimentos, ainda assim nossa sociedade mantém uma proximidade com sociedades tribais e suas tradições orais, seus costumes e mitos. Também a presença africana, que se estendeu ao longo dos séculos sendo parte fundamental de nossa história, trouxe diversas contribuições para a alma brasileira na alimentação, na religião, costumes e linguagem. Essas heranças permanecem no inconsciente cultural da nação brasileira e afetam de diferentes maneiras nosso comportamento, nossos sonhos e nossas ambições, embora tenhamos pouca consciência disso.

O temário abordado nessa publicação tem como objetivo um aprofundamento maior em busca de raízes, um enraizamento nas origens. Isso porque uma das características importantes do brasileiro é sua falta de memória e falta de contato com sua própria identidade. Essa falta de identidade cultural leva ao perigoso fenômeno da *imitação* de modelos, quer venham da América do Norte ou da Europa, com esquecimento da nossa originalidade, que é única. Se a Europa passou por um longo período da Idade Média entrando em seguida no processo enandiodrômico extrovertido do Renascimento durante o qual se deram as descobertas ultramarinas, o Brasil nessa fase abrigava as mais variadas etnias indígenas com uma realidade social inteiramente diferente. A partir do século XVII com a imigração africana e mais tarde, com a forte entrada do branco europeu a partir do século XIX, deu-se continuidade ao processo de formação da identidade brasileira, movimento que tem continuidade até os dias de hoje. Um caminho inteiramente diferente do europeu, uma identidade diferente, com possíveis soluções que devem ser pensadas de forma original. A conclusão a que chegamos é que muitas vezes esquecemos que o Brasil apresenta uma *nova complexidade*, à qual o analista junguiano Luigi Zoja se referiu.

O distanciamento de nossa identidade original está sem dúvida associado ao característico *complexo de inferioridade* do brasileiro referido por diversos autores. Os valores nacionais são sempre inferiores aos do estrangeiro, este último mais inserido em um padrão moderno de ordem, organização e planejamento. O brasileiro, ao contrário, é desorganizado, improvisa, não tem método. Mas será que nosso herói típico, Macunaíma, é apenas sem caráter, ou terá ele, com toda sua improvisação, um aspecto criativo, trazendo uma nova vitalidade? Depressivos, nos tornamos hipercríticos de nossa realidade e deixamos de perceber nossa capacidade criativa e deixamos de nos renovar em nossa improvisação.

Reza a antiga lenda que a cidade de Lisboa foi fundada por Ulisses, que ali parou depois dos dez anos da batalha de Troia. Daí o nome da cidade, *Ulissabon* (em grego *Ulissipona*), cidade de Ulisses. O que Aquiles não conseguiu durante dez longos anos pela força, Ulisses realiza pela esperteza, o estratagema do cavalo. Todos nós herdeiros do povo ibérico trazemos essa herança de truques, de trapaças, autênticos *tricksters*. Essa é uma das figuras simbólicas de nossa psique coletiva, recebendo inúmeros nomes em nosso folclore: Pedro Malasartes, Macunaíma, Exu, Malandro Carioca. Em geral ficamos fixados numa visão negativa desses personagens, verdadeiros dominantes do inconsciente cultural brasileiro e não percebemos seu caráter criativo, transformador. A estória de Zé Pelintra, um dos mais famosos malandros, ilustra essa possibilidade criativa de transformação. Sua trajetória começa na Lapa, zona boêmia do Rio de Janeiro, sendo um perigoso malandro, ágil em brigas. Acabou morto em um conflito na noite boêmia por golpes de navalha. Mais tarde o Malandro Zé Pelintra vai aparecer magicamente nos rituais do Catimbó nordestino, onde exerce o papel de um curador poderoso, um hábil médico, como se fosse um curador-ferido semelhante ao antigo Asclépio grego. O Malandro aparece como num espectro que oscila desde o psicopata perigoso até personagens extremamente positivos. Chico Buarque expressou as ambiguidades da figura do malandro de maneira brilhante em seu musical *A ópera do malandro*. Essa mutabilidade desses estereótipos em nosso inconsciente cultural não falará também das enormes possibilidades criativas da nossa cultura?

Embora sabendo da impossibilidade de se fazer uma descrição abrangente da alma brasileira e seus contrastes, procuramos trazer uma sistematização dos trabalhos apresentados neste livro. Dividimos os escritos em três partes: a multiplicidade da alma brasileira, a alma brasileira africana e, por último, a alma brasileira ameríndia.

Em a multiplicidade da alma brasileira temas abrangentes da complexidade nacional são abordados. O Professor Michel Maffesoli contribui com seu brilhantismo articulando conceitos do imaginário social com conceitos junguianos. Devido a suas diversas vindas ao nosso país, pode contribuir com o olhar perspicaz do estrangeiro, que, por não estar diretamente envolvido com nossas idiossincrasias, pode contribuir com uma maior objetividade.

Um olhar amplo sobre os mitologemas da alma brasileira na perspectiva de Gilbert Durand é oferecido pelos professores Iduína Chaves da Universidade Federal Fluminense, e

Alberto Felipe Araújo, da Universidade do Minho, Portugal. Os autores, assim como o Professor Maffesoli, partem de uma abordagem da escola do imaginário que tem importantes conexões com o pensamento junguiano. Para as conexões entre psique individual e psique coletiva as abordagens desses autores são muito bem-vindas e necessárias.

Walter Boechat se detém na questão de identidade brasileira, a ausência de memória histórica entre nosso povo e a dissociação de suas raízes. Esse é um dos mais importantes complexos culturais no Brasil e o autor julga a falência do mito do herói em nossa cultura, um dos fatores da falta de identidade do brasileiro.

Cristiana Serra fala de uma questão universal atual, a questão da homofobia, e como esse problema se constela no Brasil, país de forte herança patriarcal desde os tempos coloniais. Ainda hoje o Brasil é em muitos de seus seguimentos *o país dos coronéis*. Como essas questões de gênero poderão ser assimiladas?

A Professora Teresinha Zimbrão realiza uma interessante exploração na obra de Machado de Assis *Esaú e Jacó*, utilizando-se do conceito junguiano de complexo cultural. *O bruxo do Cosme Velho*, a quem o escritor anglo-indiano Salman Rushdie considerou um dos grandes escritores da história, revela em sua obra uma fascinante conjunção de elementos brasileiros urbanos e universais. O capítulo da Professora Zimbrão se detém em diversas dessas questões da alma brasileira na obra de Machado.

Elisabeth Zimmermann estuda outro ícone de nossa literatura, Érico Veríssimo. Seu capítulo é importante, pois reflete sobre uma área do Brasil com características muito próprias, o Sul, magnificamente descrito por Érico Veríssimo. A autora se detém sobre os diversos personagens, homens e mulheres, da obra de Veríssimo, procurando refletir sobre sua psicologia.

Na segunda parte temos capítulos trabalhando a importante contribuição africana na identidade nacional. Sabemos que o aporte africano à alma brasileira teve início já no século XVII, influenciando fortemente hábitos, vestimentas, linguagem, alimentação e crenças. O Professor José Jorge Zacharias escreve sobre uma das mais importantes representações do panteão Nagô, Exu, que teve sua imensa importância religiosa resgatada pela antropóloga Monique Augras no livro *Os nàgô e a morte*. Muito mais do que apenas um *trickster* fálico, Exu é um verdadeiro agente cosmogônico.

Lygia Fuentes resgata uma tradicional ideia africana, a filosofia Ubuntu, e procura aplicá-la à cultura brasileira, articulando o Brasil atual com um conceito tribal africano tradicional. Para tal, lança mão do conceito central da psicologia junguiana de individuação.

Finalmente, Vivian Verônica Buck descreve de forma muito pessoal sua experiência com a questão da convivência de brancos e negros numa tradicional família paulista. Essa experiência pessoal ecoa mais tarde no atendimento de uma paciente afrodescendente.

O livro se encerra em sua terceira parte com dois trabalhos que refletem sobre a alma brasileira ameríndia. A Professora Isabela Fernandes estuda um mito de origem dos índios Aruás, de Rondônia. Em seu trabalho percorre diversos aspectos do mito, contrastando-o com narrativas de origem da *Teogonia* de Hesíodo, o mito de Marduck, revelando a particularidade de os mitos indígenas de criação não apresentarem a clássica luta das trevas com a luz, mas uma aparente convivência em harmonia desses princípios.

Gil Duque se detém sobre a tradição dos Guarani, povo com rica mitologia, e estuda seu conceito circular do tempo. A concepção do fim dos tempos dos Guarani curiosamente é semelhante à ideia dos nórdicos do Ragnarök (final dos tempos). Gil Duque lança a pergunta: "O que pensar quando nos deparamos com uma mitologia tão complexa quanto desconhecida que jaz em silêncio na base cultural da principal matriz indígena de nosso povo?"

Essa pergunta feita com relação à tradição Guarani é válida para toda a memória brasileira, que tende a "jazer em silêncio". O propósito central das reflexões nesse livro é promover um processo de volta a essas memórias em um processo de resgate de raízes brasileiras.

I
A MULTIPLICIDADE DA ALMA BRASILEIRA

1 Iniciação, arquétipos e Pós-modernidade

Michel Maffesoli[*]

Introdução

Podemos distinguir na história da humanidade ciclos de renovação dos valores, dos epistemas: inicialmente alguns valores são secretos, posteriormente discretos e, subsequentemente, propagandeados. Com o passar dos tempos eles se saturam, abrindo assim espaço a outros que, de maneira mais deliberada, eclodem. Entretanto, não se trata de um movimento circular, mas, antes, de uma evolução em forma de espiral. Neste capítulo gostaria de mostrar como uma forma social, o grupo de iniciação, ou o reagrupamento de iniciados, consistente e propagandeado no final da Idade Média, foi perdendo força ao longo da Modernidade, para, em nossos dias, na Pós-modernidade, ressurgir de maneira, se não secreta, ao menos discreta, e, para alguns, até mesmo ostensivamente.

---

[*] É professor da Université de Paris-Descartes. É secretário-geral do Centre de recherche sur l'imaginaire e membro do comitê científico de revistas internacionais, como Social Movement Studies e Sociologia Internationalis. Recebeu o Grand Prix des Sciences Humaines da Academia Francesa em 1992 por seu trabalho *La transfiguration du politique*. É vice-presidente do Institut International de Sociologie (IIS), fundado em 1893 por René Worms, e membro do Institut Universitaire de France (IUF). Doutor *Honoris Causa* das universidades de Bucareste (Romênia), Braga (Portugal), PUC de Porto Alegre (Brasil) e da Universidade do México.

Este processo de iniciação repousa primeiramente sobre a lei do segredo. É graças a esse recuo, a esse *Schritt zurück* (passo para trás), diria Heidegger, que ele é dinâmico e gerador de heterodoxia. Celebrando comunitariamente o "livro sagrado", esse "irmanamento", esse "viver sob o mesmo teto" facilita a *elevação* do indivíduo à alteridade, favorecendo-lhe o acesso a um "real ampliado", propiciando-lhe um "apocalipse", uma revelação.

Segredo e discernimento

A relação entre discernimento (a *discretio* da filosofia medieval) e segredo, assim, é evidente. Atribuindo a este termo seu sentido mais estrito, isto é, desembaraçando-o de todas as elucubrações subalternas, é o esotérico que permite a existência do exotérico. Interação do conteúdo e da forma, do visível e do invisível, em uma palavra, da germinação e da eclosão. Eis o coração pulsante da ordem das coisas, e o fio vermelho da obra, da forma como um sociólogo pode concebê-la, ao ler os escritos de C.G. Jung[1].

Em um tempo em que a "imbecilidade" ambiente, falo da imbecilidade que sacoleja sem o apoio (*bacillus*) da razão sensível, destituída da prudência do discernimento, discute sobre a necessidade da transparência, as tradições iniciáticas lembram, com justeza, o claro-obscuro da existência. Justificando, assim, a aproximação semântica a ser dita e redita entre *humus* e *humano*, que tem por corolário a *humildade*.

Sabedoria "ecosófica" reconhecedora da necessidade do enterramento prévio à eflorescência; sabedoria tradicional

---

[1] Cf. JUNG, C.G. *La réalité de l'âme* – Pochothèque. Paris: Le Livre de Poche, 1998. • MAFFESOLI, M. *L'ordre des choses* [s.e.]: CNRS, 2014.

que postula a importância das raízes para a emergência da vida; senso comum lembrando que as fundações profundas garantem a solidez das construções... E não é paradoxal ver aí a "dialogia" em ação entre o humanismo e as diversas sociedades secretas que são seus vetores essenciais. Relação fecunda passível de se resumir através de um oxímoro dos mais pertinentes: enraizamento dinâmico. Sendo a "força" (*dinamis*) interna à natureza humana.

Eis exatamente, para além de um racionalismo ao mesmo tempo arrogante e paranoico, do qual ainda não se mediu todas as consequências na devastação do mundo contemporâneo, o que pode ser a fecundidade de uma razão sensível. Razão vitalista que sabe, de saber incorporado, que a verdade, como o lembra Heidegger, é um *des-vela-mento* sempre e de novo renovado[2]. Mas é por haver recuo que existe revelação.

Hegel e Descartes, cada qual à sua maneira, insistiam no lento e laborioso andamento de toda existência humana, e da ciência, a ciência do homem, possibilitando e legitimando esta ciência. A obra do primeiro é, em parte, esotérica. O segundo aconselhava um avançar "camuflado" (*masqué*). O que em nada prejudica seus brilhantismos ulteriores. Pois, não há vida senão *por* e *graças* ao **mistério**. **Sendo o mistério, lembremo-lo, o que une os iniciados entre si.** Ou seja, os que compartilham dos ***mitos*** e que, portanto, são **mudos** em face dos ineptos em compreender os arcanos próprios ao labirinto do vivido. O dobrar-se é necessário para poder desdobrar-se.

É exatamente assim que podemos compreender o Mito de Teseu, cuja imagem, segundo Virgílio, foi desenhada na porta da morada da Sibila. Encontramo-la também na "caverna" de

---

2 Cf. HEIDEGGER, M. *L'essence de la vérité*. Paris: Gallimard, 1969.

Platão e no mandala. A tradição judaica da Cabala igualmente faz referência a ela, transformando-a num atributo da sabedoria de Salomão e de seu templo. Enfim, os construtores das catedrais utilizaram-na à vontade, e a transformaram em marca pessoal das confrarias iniciáticas. O grande labirinto da Catedral de Amiens, com sua alternância de pedras brancas e escuras, é uma boa ilustração da relação estreita existindo entre o **exotérico** e o **esotérico**.

Eis a exata importância do segredo, da *discretio*, em face da ideologia da transparência. Estamos no próprio âmago de nosso "homismo" (*hommerie*) que, para retomar uma bela citação de Chateaubriand, consiste em ocultar à vista "certos lados fracos da alma: a alma tem suas necessidades vergonhosas e suas baixezas como o corpo". O belo, ideal humano, sendo a arte de escolher e de esconder[3]. É reconhecendo isso que superaremos a lancinante cantilena da transparência que martelam, em todas as épocas, os inquisidores que lutam contra a corrupção, em nome de uma pureza (ou purificação?) de consequências inquietantes.

O discernimento-segredo, quanto a ele, é o feito destes colegas invisíveis que se transmitem um conhecimento enraizado e, portanto, tolerante. Heidegger via no que ele denominava "círculo dos *lanthanontes*", círculo dos **inaparentes**, círculo invisível, o lugar da resistência do pensamento, o lugar dos que trabalham "a longuíssimo prazo"[4]. A imagem é bela enquanto nos remete à necessidade da semeadura como condição de toda colheita futura. Que é o elemento fundamental

---

3 Cf. JUNG, C.G. *Le divin dans l'homme*. Paris: Albin Michel, 1999, cap. X: "La gnose", p. 401. • CHATEAUBRIAND, R. *Génie du christianisme*. Paris: Pourrat, 1893, segunda parte, livro segundo, cap. XII, p. 92.

4 Cf. HEIDEGGER, M. *Écrits politiques*. Paris: Gallimard, 1995, p. 189.

de um crescimento humano simultaneamente respeitoso do viver juntos e de seu escrínio natural.

É realmente útil lamentar-se? É necessário, sempre, vituperar, denunciar, amargamente, o mundo como ele é? Há controvérsias! Há várias. Aponto o quanto são cansativas, e inúteis, todas estas lamúrias um tanto quanto moralizadoras com que nos agraciam os discursos da sociedade oficial. Em suma, seria necessário, sempre, dizer não à vida? A sociedade "oficiosa", enquanto fiel à discrição (*discretio*) e ao segredo de boa qualidade, transforma-se em guardiã de uma sabedoria imemorável, ciente de que convém dizer sim ao que é. E sim, igualmente, ao mundo, a este mundo aqui. Assim, continuadora de uma postura pitagórica, ela sabe reconhecer que tudo, em seu senso estrito, é admirável. E que uma das maneiras de participar dessa sabedoria é, como o dizem inúmeros rituais iniciáticos (a análise é, aliás, no sentido junguiano, um processo iniciático), ver que o que é, é em situação de gestação, sempre em devir. Portanto, nossa natureza humana é fruto de uma dinâmica fecunda que mistura sabedoria, força e beleza.

Iniciação e heterodoxia

Se, ao largo do tempo, as posturas iniciáticas foram algo suspeito, inquietante, e até mesmo perseguidas, isso se deve ao fato de sua heterodoxia ser um tanto quanto insolente em relação às ideias convencionais. É exatamente dessa forma que, de um lado, elas respondem à tradição imemorável, e que, de outro, podem entrar em sintonia com o não conformismo próprio aos valores pós-modernos. Entretanto, para captar este sentido, urge pôr em marcha um pensamento exigente. Este pensamento, como os antigos afirmavam, não é um *lectulus florulus*, um pequeno leito florido, no qual se refestelam, papagaiando os que, não tendo o que dizer, o dizem com muito barulho. Se retomarmos a metáfora da *quête du Graal* ("busca do Graal"), ou a da busca poética de um *tesoro nascosto* ("tesouro escondido"), a metáfora da "palavra perdida" tem a mesma ambição: inventar a vida.

Ou seja, trazer à luz (*in venire*) o que está aí, *des-cobrir* o que parece temermos ver. Eis, pois, o caminho perigoso da verdade: a *aletheia* como des-velamento. Não se trata absolutamente de repouso, já que, para além ou aquém das certezas lenitivas da *doxa*, este exercício força a experimentar, sem excessivo pavor, as insuficiências da vida e a aceitá-las. É esta amarga sabedoria que, evitando o perigo da revolta como o da inércia, constitui o âmago do humanismo pós-moderno.

Mas não se trata jamais de uma resposta. É **sempre uma questão**. A questão que, segundo Heidegger, é "promessa do pensamento", consiste em cavar profundamente neste *humus* próprio à nossa *humanidade* a fim de desvendar-lhe os tesouros escondidos. O mito da "palavra perdida" encontra aí sua mais simples justificação: uma busca contínua na interioridade da língua. E, dessa forma, tentar reencontrar por trás da língua falada a língua falante. Reencontrar aquém das palavras (desgastadas, ocas, vazias, esclerosadas etc.) a palavra fundadora, embasamento de todo viver juntos!

De Joseph de Maistre a Michel Foucault, inúmeras foram as mentes aguçadas que acentuaram a relação estreita entre as "palavras e as coisas", sublinhando que "é um poder enorme, o das palavras"[5]. Poder-se-ia falar, a este respeito, de uma verdadeira *onomaturgia*? A das palavras-paixões suscitando

---

5 Cf. MAISTRE, J. *Les soirées de Saint-Pétesbourg*. 8. Entrevista. Lyon: Pélagand, 1850, p. 89. • FOUCAULT: M. *Les mots et les choses*. Paris: Gallimard, 1969.

a energia humana, ou seja, a incansável atividade própria a uma sociedade viva...

É este constante questionamento que faz com que o percurso iniciático não possa, de forma alguma, ser confundido com uma simples "engenharia" (*ingénérie*) social, ou uma ação política sem futuro. A filosofia "progressiva", sempre em movimento, contenta-se em acompanhar o fervilhar do poder societário. E isso ateando fogo aos restos daquilo que convencionou-se denominar "questões de escola", próprias aos dogmatismos de todos os tempos. É exatamente isso que permite estabelecer um vínculo entre a vida e o conhecimento da vida.

Esta busca teimosa da palavra perdida, isto é, da palavra fundadora, possui um termo, bastante aviltado em nossos dias, que poderia resumi-la: "societal" [que concerne à sociedade e à vida social dos homens]. De minha parte, já nos idos de 1970 sugeri empregar este neologismo para designar aquilo que não reduzia o contrato social ao simples racional que lhe é próprio. Ao social, para designar o viver juntos puramente racional tal como ele se elabora na Modernidade. Ao "societal", como um conjunto bem mais complexo onde o imaginário, o lúdico, o onírico ocupam um espaço de destaque. Um lençol freático irrigando, em profundidade, a vida das sociedades; um invisível confortando o visível. Este **preço das coisas sem preço** constituindo o **qualificativo** de uma existência que não pode se resumir ao simples **quantitativo**...

Isso equivale a afirmar que o humanismo verdadeiro, isto é, o humano em sua inteireza, não se resume em preocupações utilitárias. Não é mais possível considerar o homem a partir de um materialismo obsoleto, de que a economia é a mais perfeita expressão. C.G. Jung, ao longo de toda a sua obra, evocou esta prevalência da ordem simbólica[6]. Relação eminentemente complexa que nos torna atentos à força do imaterial. O homem de desejo que põe em prática uma razão sensível constitui-se em coração pulsante da ordem simbólica e de todos os processos iniciáticos. A análise ela mesma, em particular a de Jung, inscreve-se nesta ordem simbólica, com seus rituais diversos.

Inteireza do ser apelando ao constante despertar da inteligência; **inteligência** que, o mais proximamente possível de sua etimologia, consiste em aproximar os fragmentos disparatados do mundo; compreender que "reúne" o disperso... Aí, ainda, uma preocupação presente em Jung: não *unidade* redutora, mas *unidade* bem mais fecunda enquanto integra, com constância, os elementos mais diversos da pluralidade humana, da diversidade social.

Portanto, compreender e humanismo vão de par. Daí o apelo lancinante à leitura encontrável em todos os ritos iniciáticos, e que constitui a via real da "busca" (Graal, palavra perdida, tesouro escondido) a que nos referíamos antes. O que é, aqui, indicado é que o compreender, isto é, o "questionar", constitui-se em tarefa essencial de nossa humana natureza. Não se trata de acusar, de vituperar, mas de acompanhar, pelo conhecimento, o que é. O que não é sem perigo, em todo caso sem esforço, pois compreender todas as coisas é aceitar tanto os vícios quanto as virtudes: o *humus* no *humano*.

O que implica, e aí reside a reputação da postura do iniciado, que progressivamente nada se pode concluir, que os problemas não consistem em ser resolvidos, mas em ser

---

6 Cf. MAFFESOLI, M. *La violence totalitaire*, 1979 [Trad. bras.: São Paulo: Zahar, 1979. • Porto Alegre: Sulina, 2001]. • BAUDRILLARD, S. *Besoindésir*. [s.n.t.].

bem-formulados. Assim, muito evidentemente, a busca não seria feita por todos. Os textos se destinariam somente a alguns: aos que podem compreendê-los. Aí, ainda, vale lembrar, trata-se de uma atitude reenviando à **aristocracia do espírito**.

Seria paradoxal, a partir disso, sublinhar a estreita relação existente entre o compreender e o mistério? A "douta ignorância" (N. de Cusa) do iniciado que sabe, progressivamente, que tanto mais alto se eleva quanto mais ele ignorar aonde a deambulação existencial poderá conduzi-lo... Efetivamente, conscientemente ou não, a busca própria ao *homo viator* consiste em ignorar e até mesmo recusar o lugar-comum que leva a objetivos conhecidos, próprios às certezas da opinião comum ou, até mesmo, à erudição sem horizonte. Contrariamente, a verdadeira busca consiste em trilhar o caminho estreito, abrupto, o que leva ao desconhecido, ao qual o *homem de desejo* aspira.

Destarte, o compreender é uma luta constante que, a todo instante, deve desenraizar-se das rotinas filosóficas, dos dogmatismos confortáveis, das garantias contra qualquer risco. Evidências do momento que, dissimuladamente, invadem o domínio público. Lá ainda, ouçamos J. de Maistre: "as falsas opiniões assemelham-se à falsa moeda inicialmente cunhada por grandes culpáveis e subsequentemente utilizada por pessoas honestas que, sem conhecimento de causa, perpetuam o crime"[7].

---

7 Cf. MAISTRE, J. *Les soirées de Saint-Pétersbourg*. Op. cit., 1. entrevista, p. 1.

A celebração do *Livro*

É para apegar-se a um pensamento autêntico, para conceder poder total ao "Verbo", que incontáveis círculos iniciáticos celebram, de forma quase litúrgica, o livro. Ele reina majestosamente nas assembleias e reúne consciências individuais que, sem isso, isolar-se-iam num solipsismo restrito. Não posso deixar de fazer referência ao *Livro Vermelho* de C.G. Jung que, de um lado, é um objeto "feito para ser mostrado", e que, de outro, tem todos os atributos de uma obra iniciática, incluindo sua escrita dificilmente decifrável. O sucesso que teve sua reedição em francês, em alemão, em inglês, em português diz muito sobre o interesse da época por tais posturas iniciáticas e simbólicas. Neste particular, sabemos que o "livro sagrado", seja ele qual for, armazenou, ao longo da tradição, uma provisão de "hormônios simbólicos" que reinjeta na comunidade para dar-lhe a vitalidade necessária à sua sobrevivência.

Bíblia, Corão, ou outro *corpus* tradicional, podem ser vistos como "reservatórios energéticos" da palavra comum[8]. O livro tem uma "pregnância simbólica" (E. Cassirer), lembrando que as palavras, pertinentes, vivificam as coisas. O que nos lembra, seguramente, que o homem é *sapiens*, mas igualmente animal *symbolicum*, isto é, que reúne ideias, imagens, emoções e paixões em um misto extremamente fecundo. Em todo caso, aquilo a partir do qual se constitui todo viver juntos.

Mas a função ética do "livro sagrado", e com isso me refiro ao que garante a coesão de conjunto, não deve ser reduzida, o que geralmente é o caso, a uma erudição de maior ou

---

8 Cf. JUNG, C.G. *O Livro Vermelho*. Petrópolis: Vozes, 2010. • DURAND, G. *La foi du cordonnier* (1984). Paris: [s.e.], 2014, p. 41 e 43.

menor boa qualidade, tendo por único resultado o de evitar a confrontação com o mundo contemporâneo. Deste ponto de vista, a multiplicação de revistas, de trabalhos históricos tipo *New Age*, até mesmo de blogs na internet, focalizando-se num historicismo a curta distância, testemunham mais um retraimento um tanto quanto sectário que uma abertura aos valores pós-modernos em gestação, dos quais as jovens gerações são sedentas.

Podemos comparar este retraimento ao dos mosteiros beneditinos dos séculos XVII e XVIII[9], aos trabalhos intelectuais essencialmente históricos, mas que, por conseguinte, não participam mais da dinâmica civilizacional impulsionada na Europa pela obra fecunda de São Bento. Comparação instrutiva quando se conhece a influência da vida monacal sobre os construtores de catedrais, e sobre os franco-maçons operativos e, em seguida, especulativos. Aí, ainda, a prevalência da ordem simbólica!

Para afastar uma última objeção sobre este tema, urge não confundir o "reservatório energético" do livro comum, símbolo da palavra ativa e estruturante, com a multiplicação das obras de edificação, de autoconhecimento e diversos substitutivos de espiritualidade que fazem o "melhor quinhão" das editoras. Efetivamente, *New Age* puxando a fila, é instrutivo sublinhar que as livrarias de aeroportos, os quiosques de estações e múltiplas vitrines de livrarias transbordam de publicações versando sobre iniciação, meditação, bom uso do corpo, filosofias orientais e espiritualidades em geral. A história das religiões, os romances, de Harry Potter a *Da Vinci Code*, e

---

9 Cf. JEAN-MESMY, C. *Saint Benoît et la vie monastique*. Paris: Seuil, 1959, p. 166.

outros *Infernum*, conhecem um sucesso sem par. Em muitas dessas produções, referência é feita à postura iniciática, e de uma maneira excessivamente livre, bastante mal-informada, em todo caso bastante "mercantilizada".

Não entendo fazer uma crítica a tal entusiasmo. Vejo-o, antes, como o sintoma de um movimento de fundo: o da "razão sensível". Ou seja, o da reemergência de uma concepção integral do humano. Isto é, pelo viés dos rituais, o corpo entrando em ressonância com o espírito. Concepção "holística" que, com toda certeza, reside no âmago da perspectiva iniciática.

Iniciação, um processo de "irmanamento" (ou de fraternidade), um compartilhamento relativista

Vale lembrar, igualmente, que é no ocaso de um ciclo civilizacional e quando as ideologias que o haviam cimentado se saturam que as sociedades secretas (no sentido dado mais acima a este termo) recobram um novo vigor. Em nossos dias, a falência das instituições elaboradas ao longo do século XIX, a desafeição em relação aos partidos políticos, aos sindicatos ou às associações oficiais, vão de par com o renascimento das "tribos" oficiosas, das quais diversos grupos de tipo iniciático fazem parte. O *irmanamento*/fraternidade que estes grupos propõem permite remediar o vazio espiritual e o isolamento que se desenvolve nas megalópoles pós-modernas. A solidariedade e o espírito de tolerância que eles preconizam convêm perfeitamente às jovens gerações que, como já o indiquei[10], desconfiam dos dogmatismos religiosos, políticos ou ideológicos.

---

10 Cf. MAFFESOLI, M. *Le temps des tribus* (1988), caps. 4-5: "La loi du secret", 1988 [Trad. bras.: Rio de Janeiro: Forense]. • *Homo eroticus, des communions émotionnelles*, 2012 [Trad. bras.: Rio de Janeiro: Forense, 2014].

Ao inverso do que se passou entre o Antigo Regime e a Revolução Francesa, a busca por novas formas de sociabilidade é uma espécie de resposta à observação cheia de humor de Joseph de Maistre: "Um homem sozinho sempre está em má companhia"! A busca por comunhões emocionais está na ordem do dia. O que, evidentemente, leva à multiplicação dos lugares de intercâmbios. Mas, como já o indicamos, de intercâmbios holísticos. Ou seja, de lugares em que a razão e os sentimentos entram em uma complementaridade ordenada.

Busca de sociabilidade, fuga do isolamento, indubitavelmente, mas isso só é possível quando simultaneamente existem palavras pertinentes para dizê-lo. O que reenvia à elaboração de uma ordem simbólica. Só para indicar que ao abordarmos tais temas não podemos excluir nenhum teórico, posso remeter, aqui, a uma judiciosa afirmação de Santo Tomás de Aquino: "O uso popular, que é a regra dos sentidos dos termos, denomina sábios os que têm a responsabilidade de colocar ordem nas coisas, e de bem governá-las. Dessa forma, dentre os atributos que os homens conferem aos sábios, Aristóteles declara que lhes cabe ordenar"[11].

Diversas são as formas de interpretar essa análise. De minha parte, vejo aí a apetência, às vezes bastante evidente, por uma sabedoria que sabe dizer e ordenar o mundo. Estando as ideologias modernas saturadas, voltamo-nos então para um conhecimento mais tradicional, permitindo dizer uma "ordem das coisas" que se adequa à vida cotidiana. Conhecimento não vindo, de forma desaprumada, do alto, mas que surgiu da experiência: a da inteireza própria ao vivido dia após dia.

---

11 D'AQUIN, T. *Somme contre les gentils*, liv. I, ch. I.

Relativismo de boa qualidade que invade de uma maneira radical o dogmatismo, seja ele qual for.

Ora, ocorre que tal relativismo é o coração pulsante da atmosfera mental pós-moderna. Ele reenvia a um "politeísmo dos valores" que, regularmente, vemos ressurgir nas histórias humanas. Politeísmo que metaforicamente visa a relativização de uma verdade única, e que coloca em relação às múltiplas verdades que constituem a vida corrente.

Talvez devamos retomar, em boa parte, a antiga questão do relativismo: "a verdade, o que é a verdade?" A que eu denominaria "Síndrome de Pôncio Pilatos" renasce em nossos dias. Com certeza, existem fanatismos de todas as ordens, e a atualidade nos oferece muitos testemunhos inquietantes. Mas a tendência de fundo, tão subterrânea quanto poderosa, diz respeito à tolerância: multiculturalismo, respeito à alteridade, diversidade de todas as ordens, sincretismo religioso e filosófico. A mestiçagem, sob todas as suas formas, está na ordem do dia. E é importante ter presente que uma mistura cultural dessas é, sempre, o indício de uma renovação civilizacional. O fervilhamento, até mesmo o formigamento, é, em seu sentido mais simples, o indício do desenvolvimento vital. Suas ações são escondidas, suas consequências manifestas. Talvez seja por isso que no segredo dos pensamentos iniciáticos esteja em vias de se elaborar a (re)-novação da sociabilidade pós-moderna.

Arquétipo e Pós-modernidade: a "elevação" de si

A memória coletiva, em suas profundezas eternas, assegura a sobrevivência do que poderíamos denominar gnose popular. Saber incorporado, instintivo-constitutivo de um *habitus* comum, cadinho fecundo onde se arquiteta o viver juntos. Esta sabedoria ancestral é, estruturalmente, feita de tolerância, de acolhida do outro, continuadamente irrigada pela diferença. Que pode parecer um pouco utópica, embora todas as histórias humanas mostrem que, a longo prazo, é desta forma que se constituíram as diversas civilizações, e inclusive as nações.

Vale lembrar que a expressão central de toda postura iniciática cristaliza-se em uma **sociedade do presente** fundada na nostalgia do passado. O que engendra uma felicidade leve, isto é, efêmera, que, mesmo não se projetando na direção de hipotéticos "amanhãs canoros", não deixa de ser intensa. Intensidade não destituída da busca por delícias sensuais, estas delícias infinitas dos sonhos, culminando, ao mesmo tempo, naquilo que é a marca da Pré-modernidade e da Pós-modernidade: um espiritualismo corporal.

Este espiritualismo não deixa de sintonizar-se com o espírito do tempo enquanto, inversamente a estes curiosos sem almas, unicamente preocupados com os *scoops* [os furos] jornalísticos e diversos pensamentos adventícios, e de pouco interesse, estimula a busca de nutrientes outramente revigorantes. Este é o espírito de insubmissão diante da "doxa" corrente: estar atento à sede do infinito, que sempre atormenta os melhores, e lhes fornece bebidas fortes a fim de sustentá-los um pouquinho.

Eis o que está ao mesmo tempo no coração da contemporânea exigência de intensidade, própria ao "presenteísmo", e que simultaneamente constitui o *residus*, isto é, o fundamento, o alicerce irrefragável da ardente e viva tradição. É isso mesmo que engendra estes pensamentos dinâmicos, ricos de névoas fecundas; as da *cloud* [névoa] pós-moderna reencontrando a antiga preocupação da sociabilidade tradicional: o saber viver juntos. Intercambiar, discutir, *chattear*, *twittar* unindo, em infinitos compartilhamentos, as comunhões emocionais específicas destas religiões dos mistérios antigas onde a circulação dos bens, dos afetos e das ideias, de uma maneira holística, global, o conteúdo (mitos) e o recipiente (comunidade) participam, juntos, à inteireza do ser (individual) e do Ser coletivo. O que Jung definiu como o processo mesmo de individuação, esta apropriação pelo si do inconsciente coletivo, desaguando no Si. O que eu mesmo, nas sendas do poeta Rimbaud, que afirmava "Eu é um outro", eu traduzo por uma **elevação do si no Si**.

Lembro aqui uma definição da Pós-modernidade: "sinergia do arcaico e do desenvolvimento tecnológico". Outra maneira de nomear a dinâmica dialogia existindo entre as tribos e a internet. Outra maneira, igualmente, de lembrar a importância do imaterial, do espiritual para cada pessoa e para a sociedade em seu conjunto. Aí está a ordem simbólica: uma energia comum, impalpável, onírica.

Estamos longe do **subjetivismo moderno** que encontra sua fonte no "cogito" cartesiano. Em todo caso, na interpretação que lhe foi dada. Os *tweets*, fóruns, sites comunitários etc. confortam em sua tecnologia de ponta esta arcaica dependência que faz existir *no* e *para* o olhar do outro. É o outro que me cria. Alteridade sendo, por conseguinte, causa e efeito da pessoa humana. Dependência própria a esta *ordo amoris* de longa linhagem e recobrando força e vigor no momento em que a época (época significando em grego parêntese) moderna está em vias de fechar-se. Não é mais a **evidência do eu** que constitui o ponto de partida do conhecimento, mas justamente a **evidência do Outro**. O que, por sua vez, permite voltar ao sentido etimológico do termo: conhecer é nascer com (*cum nascere*)! É dizer em quê e como o "**Eu**" se transfigura em "**nós**". A tribo pós-moderna como a comunidade pré-moderna são uma manifestação dessa estrutura antropológica que é a solidariedade orgânica, a das "solidariedades" e da camaradagem próprias à Idade Média. "Solidariedade" encontrada, ao longo das eras, em todas as sociedades iniciáticas.

O que sublinha, o havíamos quase esquecido, o caráter carismático do vínculo social. É esta *glutinum mundi*, esta cola do mundo que garante a solidez do viver juntos. Neste sentido, o *irmanamento*/fraternidade é a energia escondida de toda existência social. H. Corbin lembrava que a simpatia entre os seres é a da *teopatia*"[12]. Esta paixão divina, causa e efeito da transubjetividade ou intersubjetividade pela qual o indivíduo se ultrapassa, talvez seja melhor dizer se eleva, em um Si mais vasto, constitutivo da memória coletiva: a da tradição imemorial.

Aí encontramos as energias escondidas das vibrações comuns, das comunhões emocionais contemporâneas. Os contágios afetivos, os sentimentos de pertença, os fenômenos compassivos não repousam mais sobre um "ego" substancial, estável, mas exatamente sobre um "nós" em constante devir. O princípio de *individualização* invertendo-se em princípio de *individuação* (junguiano), isto é, em *principium relationis*. Aquele da "religação" (*reliance*): estar religado ao outro (*religare*), estar em dependência-confiante com o outro (*reliant* em inglês). A "religação" é, assim, a expressão de um pluralismo coerente em que nos conhecemos no outro, isto é, na comunidade.

"A tópica da época", ou a teoria do lugar-comum, está em vias de mudar, no sentido que, em todos os domínios, a

---

12 CORBIN, H. *L'imagination créatrice dans le soufisme de Ibn Arabi*. Paris: Flammarion, 1981, p. 212.

verticalidade sede seu espaço a uma horizontalidade de consequências infinitas.

Um real ampliado

Uma destas consequências é o retorno de um **real** ampliado. Contra uma **realidade** um pouco raquítica, a da economia, do político, do social, que se resume num suposto "princípio de realidade", a postura iniciática nada mais é que a inclusão dos possíveis, do surreal, do irreal. Isto é, um real mais vasto, repleto de sonhos imemoriais da humanidade. Foi exatamente isso que designei com a metáfora da "tribo", este "**mais que um**", que estabelece um constante vai e vem entre os diversos elementos de um real carregado de passado e repleto de futuro. Não mais "o único e sua propriedade" (Stirner), bela expressão resumindo o individualismo epistemológico moderno, mas exatamente uma expressão que resume uma "transposição expropriante" onde cada elemento, cada pessoa é expropriada por este Outro, que é a comunidade, e que por essa via (re)encontra um excedente de ser.

Aí, ainda, penso exprimir de maneira sociológica, isto é, do ponto de vista das relações sociais ou *societais*, do viver juntos, o que Jung pensou do ponto de vista da psicologia. A introdução em sua obra e em sua prática das análises do *inconsciente coletivo* e de suas produções mitológicas corresponde a esta visão da comunidade. Podemos igualmente fazer referência a Gilbert Durand, grande antropólogo do imaginário, para quem "as estruturas antropológicas do imaginário" permitem analisar a produção artística, cultural da humanidade, através de grandes ciclos que ele denomina "reservatórios semânticos".

Refletir sobre este "**real ampliado**" não é coisa fácil, já que, sub-repticiamente, e a longo prazo, o moderno colocou o acento numa concepção unilateral de uma realidade reduzida à sua dimensão econômica e racional. Conscientes ou não, estamos imersos numa "marxização" que faz a sociedade repousar sobre sua "infraestrutura" econômica, a "superestrutura" cultural tendo apenas uma importância secundária. Jean Baudrillard mostrou eximiamente o aspecto limitado de tal visão do mundo[13], mas é esta concepção que encontramos na obsessão econômica, nas lamúrias sobre o desemprego e em outras elucubrações sobre o "valor do trabalho", cuja fonte reside nesta suma teológica do século XIX denominada *O capital*, de Karl Marx.

Somente volto à crítica que se pode fazer a esta redução drástica do real a uma realidade econômica para lembrar, alusivamente, que esta **crise** repetidamente divulgada está, primeiramente, em nossas cabeças. E para dizer que é apostando numa visão multilateral do mundo que podemos compreender a mutação civilizacional em curso, que convencionou-se denominar mudança de paradigma.

Apocalipse

E é exatamente isso que traduz a insubmissão espiritual a que nos referíamos. "Irmãos de mente livre": eis a expressão que melhor caracterizaria o apocalipse ao qual assistimos. Apocalipse, ainda aí, entendido em seu sentido primeiro: o de **revelação** de um estado de fato.

Revelação que se contenta em prestar atenção a esta co-ação extremamente presente em toda cultura digna deste nome, e que Virgílio, com a notável concisão do latim, resumia bem: *mens agitat molem*, "um espírito faz mover o mundo".

---

13 BAUDRILLARD, J. *Le miroir de la production*. Paris: Denoël, 1975.

Mas, muito evidentemente, o verdadeiro espírito. Falo, não das construções teóricas, dos sistemas puramente racionais que, progressivamente, abstraíram-se da existência comum, mas de um espírito que podemos compreender como uma cristalização em que interagem a razão, os afetos, os sentidos. Um oxímoro o exemplifica: a **razão sensível**.

Coincidência dos opostos permitindo captar a fecundação mútua exercida uns sobre os outros por todos os elementos da natureza humana e superando, assim, o racionalismo mórbido que culminou no "princípio de recorte", que foi o *modus operandi* da Modernidade. Invertendo uma formulação de Montesquieu: não é mais "o Espírito das leis" que prevalece, mas as "leis do espírito". Desde que, seguramente, com isso se designe a inteireza do ser. Não mais um humanismo simplesmente decorativo, mas justamente o que tira proveito de todas as potencialidades que caracterizam nossa espécie animal.

Numa lindíssima introdução ao livro de Kant *O que são as Luzes?*, M. Foucault lembra que ao inverso da estreiteza do materialismo, as Luzes, isto é, esta filosofia que fez o esplendor do século XVIII, colocou em cena, essencialmente, as **"forças do espírito"**[14]. Mas, como geralmente é o caso, o que um dia foi dinâmico tende a esclerosar-se. E, por conseguinte, a tornar-se dogmático. Talvez seja isso que por acidente esteja ocorrendo com estas famosas "Luzes", cuja deplorável tendência é a de se tornarem um tanto quanto intermitentes. Muito precisamente quando elas não sabem mais prestar contas da vida em seu contínuo desenvolvimento. Vida que integra os afetos, as emoções e as paixões comuns.

---

14 KANT, I. *Que sont les Lumières?* Paris: Vrin, 1969 [Introdução de M. Foucault]. Cf. tb. MAFFESOLI, M. *Éloge de la raison sensible*, 1996 [Trad. bras.: *Elogio da razão sensível*. Petrópolis: Vozes, 1998].

Indignações múltiplas, rebeliões pontuando a atualidade, revoltas juvenis, abstenções políticas e sociais: tudo isso não reflete um racionalismo galopante qualquer, mas, contrariamente, reenvia a um retorno às fontes do Iluminismo e à exigência de uma concepção plural do que é o ser humano. Reconhecendo assim que o não racional não é irracional, mas detentor de uma razão própria. Reconhecendo que o não lógico não é ilógico, mas possuidor de uma lógica que lhe é própria: a de uma *ratio*-**vitalismo**, cuja postura iniciática oferece uma boa explicação.

Entretanto, isso implica saber lutar contra as formas abastardadas dos conformismos intelectuais. Pois os pensamentos obsoletos não fazem mais parte da receita. E um humanismo vazio não está mais em sintonia com sua época. De fato, nada é eterno, e os trabalhos de Gilbert Durand mostram claramente que uma "estrutura" ou um arquétipo não podem ser constantes a não ser revestindo-se das formas particulares. Simplesmente adaptando-se às mutações civilizacionais. Trata-se, aí, do eterno problema de nossa espécie animal: necessariamente dizer as palavras em conformidade com seu tempo. Daí, de um ponto de vista sociológico, o interesse primordial pela obra de C.G. Jung[15].

Convém, para compreender bem esta situação, ampliar o problema. E dizer e redizer que nos períodos de apocalipse, como o atual, período em que cessa uma maneira de ser e outra se "revela", não é raro perceber duas atitudes aparentemente opostas, mas, de fato, inteiramente complementares.

---

15 Cf. JUNG, C.G. *Ma vie, souvenirs, rêves et pensées*. Paris: Gallimard, 1975. • DURAND, G. *Les mythes fondateurs de la franc-maçonnerie*. [s.l.]: Dervy, 2002.

Ou prevalece o conformismo que, sem originalidade, desenovela as ideias convencionais, ou, com retraimento, enrijece-se num legalismo tranquilizador. Duas facetas de uma mesma realidade: a busca barata de um "pensar pronto" (*prêt à penser*) sem envergadura e horizonte. Atitudes complementares que, além disso, favorecem o *entre-si* e se protegem em face da alteridade.

A liberdade de espírito, encontrável na ardente exigência das jovens gerações, repousa sobre uma real imparcialidade bem mais forte que a disposição de espírito ou a estreiteza das convicções. Imparcialidade indo de par com uma espécie de insolência ou de desenvoltura diante das certezas estabelecidas, e que valoriza a postura de um pensamento iniciático autêntico em relação à sabedoria profundamente enraizada na tradição.

Somente quando fiel à sua *ordo essentialis*, a da heterodoxia, a da não conformidade, é que este pensamento pode adaptar-se ao seu tempo. E isso para acompanhá-lo, isto é, para seguir sua evolução. A insubmissão generalizada que caracteriza este pensamento não pode admitir a violência dos que querem o bem à custa dos outros. Dominação dos que se sentem responsáveis pelos outros, e que podem impor pela força a ordem que ideologicamente elaboraram.

Do *Goulag* aos campos de concentração cambojanos, inúmeros são os exemplos que vão nesta direção. Mas esta imposição do bem comum pela força, aquilo que, abstratamente, consideramos "bem comum", não está absolutamente em congruência com a sensibilidade libertária, com a especificidade do pensamento iniciático. Digo "sensibilidade", visto que não se trata de um sistema dogmático.

Entretanto, é esta sensibilidade que misteriosamente sabe, isto é, a partir dos mitos imemoráveis, que a história é uma contínua "palingênese": uma gênese sempre recomeçada. Reconhecendo, com lucidez, que toda inspiração primeira tende a se amornar em instituição, que o que institui acaba em instituído, que o "enamoramento" se enrijece em conjugalidade tetânica. E que existe, por conseguinte, necessidade de novo impulso. Este, não podendo realizar-se senão unindo-se às forças profundas, primordiais em ação, subterraneamente, no devir humano.

Trata-se, aí, de um princípio gerador, o da tolerância, que não condiz com a propalada facilidade, mas que, contra a violência das ideias preconcebidas, dá provas de audácia e coragem. Entretanto, este relativismo necessita, também, de um **pensamento meditativo**, oposto ao **pensamento calculista**, que, por natureza, é convidado a difundir-se. Daí a urgência, experimentada por alguns, de voltar a tal sabedoria. À sua maneira, M. Heidegger havia insistido nesta questão: "a indigência do pensamento é um hóspede perturbador que se insinua, não importa aonde no mundo"[16]. Muitos são os que recusam tal estado de fato, e se (re)volvem à postura iniciática para exprimir esta recusa.

Tradução de Francisco Morás

---

16 HEIDEGGER, M. "Sérénité". *Questions III*. Paris: Gallimard, 1966, p. 163. Cf. tb. JUNG, C.G. & KERÉNYI, C. *Introduction à l'essence de la mythologie* [1941]. Paris: Payot, 1953.

2 Entre as luzes e as sombras
Em busca dos mitologemas da alma brasileira na perspetiva de Gilbert Durand

Iduína Mont'Alverne Chaves*
Alberto Filipe Araújo**

> *Nós brasileiros somos um povo em ser, impedido de sê-lo. [...] Nela [na mestiçagem] fomos feitos e ainda nos continuamos nos fazendo. Essa massa de nativos oriundos da mestiçagem viveu por séculos sem consciência de si, afundada na ninguendade.*
>
> RIBEIRO, D. *O povo brasileiro*, 1996, p. 453.

---

* Obteve o título de Doutora em Educação pela Universidade de São Paulo/USP. Professora-associada do Departamento Sociedade, Conhecimento e Educação/SSE, da Faculdade de Educação da Universidade Federal Fluminense/UFF e pesquisadora integrada ao Programa de Pós-graduação em Educação/UFF. Os domínios de suas investigações são os seguintes: Antropologia das Organizações e da Educação, Epistemologia da Complexidade, Sociologia do Cotidiano e Antropologia do Imaginário.

** Obteve o seu doutoramento em Educação, na área de especialização em Filosofia da Educação, no ano de 1994. É professor catedrático do Instituto de Educação da Universidade do Minho (Braga-Portugal) e professor-visitante do Instituto de Psicologia da Universidade de São Paulo. É autor de várias obras e artigos, em Portugal e no estrangeiro (especialmente no Brasil e na França), nos domínios de investigação da Filosofia do Imaginário Educacional, Filosofia da Educação e da História das Ideias Pedagógicas. E-mail institucional: afaraujo@ie.uminho.pt

Mas nós não sabemos que nossos mitos já sabiam.

GAMBINI, R. A alma ancestral do Brasil, 2004, p. 3.

Introdução

A nossa abordagem da alma brasileira inscreve-se particularmente na tradição antropomitodológica de Gilbert Durand, não descurando, contudo, o contributo incontornável da obra junguiana. É, portanto, a esta luz que, quando falamos de alma *imaginal* brasileira e de imaginário mítico brasileiro ao longo do nosso estudo, estamos nos referindo aos conteúdos arquetípicos, míticos que pensamos caracterizar a alma ancestral brasileira na perspetiva hermenêutico-simbólica que é a nossa (GARAGALZA, 2004, p. 197-200; ORTIZ-OSÉS, 1994, p. 223-315), como aquele tipo de hermenêutica mais adequado para o estudo dos mitos e dos símbolos. Esta dupla filiação (Gilbert Durand/Jung) reconforta-nos na medida em que ela nos conduz, consequentemente, a escapar tanto ao etnocentrismo prometeico, como ao dionisismo etnológico que troca o Mito de Prometeu pelo Mito da "Idade de Ouro", além de nos proteger de cairmos na tentação de produzirmos juízos unilaterais e comentários eivados de um moralismo sectário certamente incompatível com a tradição junguiana, basta lembrar o que Jung escreveu sobre o "homem arcaico" (1991, p. 133-164). Além disso, nunca é demais sublinhar que a alma brasileira é "tigrada", mestiça, "politeísta" e, como tal, é uma alma que se diz antes no plural.

Deste modo, importa indagar o porquê de a alma coletiva brasileira continuar, nas palavras de Darcy Ribeiro, "afundada na *ninguendade*" (1996, p. 453), ou seja, uma alma arquetipicamente órfã, prisioneira ora de uma *persona* intransponível, ora de uma *sombra* terrífica e paralisante. Devemos saber perscrutar, auxiliados simultaneamente pelo fio de Ariadne e pelo deus Hermes, nos corredores e salas sombrias e luminosas da *Memoria* coletiva brasileira, para lembrarmos aqui Santo Agostinho e James Hillman, os mitologemas que a habitam. Por isso mesmo, o presente estudo apresenta-se aos olhos do leitor dividido em quatro partes: a primeira tratará da alma *imaginal* e como ela abre caminho ao imaginário mítico; a segunda se debruçará sobre o imaginário mítico brasileiro com os seus mitos da Idade de Ouro e de Prometeu; a terceira parte incidirá sobre os *mitologemas* da alma *imaginal* brasileira; finalmente, a quarta parte, que servirá também de conclusão, falará da importância do *mitologema* do "homem novo" e da educação remitologizadora.

1 Da natureza da alma imaginal ao imaginário mítico brasileiro

A nossa noção de *alma imaginal*[1] é devedora dos contributos de Jung, de Henry Corbin e de Gilbert Durand: é um tipo de alma poliédrica, "tigrada", visto que articula a "realidade psíquica" (Jung), o "mundo imaginal" (Henry Corbin) e "a noção de "trajeto antropológico" (Gilbert Durand) numa dinâmica de polos antagonistas que sempre busca uma coesão, Jung diria uma *conjunctionis* ou reunião de opostos

---

1 Preferimos denominar a alma mítica brasileira de *alma imaginal*, por esta expressão ser simultaneamente psicológica (JUNG, 1991a, p. 11-38; JUNG, 1991b, p. 405-411; HILLMAN, 1977, p. 41-48, 159-165; HILLMAN, 1982, p. 125-168), antropológica (DURAND, 1980, 1987, p. 109-115) e filosófica (CORBIN, 1979, p. 7-19, 1964, p. 3-26, 1976, p. 167-189), logo menos conotada com a clássica noção de "alma ancestral", usada nomeadamente por Roberto Gambini (2004, p. 1-13), o que nos permite, desde logo, uma liberdade de interpretação e de leitura não despicienda.

ou de contrários numa quaternidade criadora (JUNG, 1992, p. 27-44), ou então na tradicional experiência interior expressa pelo "Tao" da filosofia chinesa. Neste sentido, esta *alma imaginal* aparece como "tigrada", na expressão de Gilbert Durand, ou seja, como aquela metáfora que melhor dá conta da pluralidade individual e cultural tanto ao nível antropológico como psicológico do sujeito humano enquanto trajeto do presente ou projeto de futuro (DURAND, 1980, p. 9, 41-74).

A *alma imaginal*, enquanto sinônimo de imaginário coletivo que é sempre sociocultural e mítico de acordo com a "tópica" sociocultural durandiana (DURAND, 1996c, p. 131-156), exprime-se através daquilo que Jung (1988, p. 353), Karl Kerényi (1974, p. 13) e Gilbert Durand (1982, p. 72, 1983, p. 28-33) denominam de *mitologemas*[2], que são na verdade temas míticos[3]. É através dos *mitologemas*, ou seja, de temas míticos recorrentes, das constantes de imaginação que modelam a alma *imaginal* brasileira que o imaginário mítico se exprime. Existe uma forte ligação entre as noções de

---

2 James Hollis na sua obra *Mitologemas – Encarnações do mundo visível* (2005, p. 10) diz o seguinte: "Um 'mitologema' é um elemento ou tema isolado, em qualquer mito. Os temas da ascensão ou declínio são mitologemas. A busca do herói reúne dois mitologemas: o herói e a busca, cada um dos quais possui uma linhagem e um significado separados, e ao mesmo tempo engrandecem um ao outro". Por seu lado, Edward C. Whitmont na *Busca do símbolo* (1995, p. 66): "Chamamos a essas imagens de mitológicas porque estamos familiarizados com elas através de seu aparecimento em mitos, histórias, contos de fadas e formas religiosas tradicionais, de todos os tempos, lugares e épocas, e nos referimos a esses temas recorrentes como *mitologemas*. Eles aparecem em sonhos e fantasias de homens contemporâneos [...]".

3 Karl Kerényi a este respeito escreve: os *mitologemas* representam "o conjunto de elementos antigos, transmitidos pela tradição, tratando de deuses e de seres divinos, de combates de heróis e de descidas aos infernos, elementos contidos nas narrativas conhecidas, mas que não excluem, no entanto, toda a modelagem mais aprofundada" (1974, p. 13).

alma *imaginal* e do imaginário mítico, daí a importância que assume a noção de "imagem primordial" em Jung: "Chamo *primordial* toda a imagem com caráter arcaico, dito de outro modo, que apresenta uma concordância notável com os motivos mitológicos conhecidos" (JUNG, 1991b: 433).

1.1 A alma imaginal brasileira como "alma tigrada"

Do ponto de vista sociológico constatamos que a alma mestiça brasileira se formou quer pelo acasalamento do europeu branco com a mulher índia, quer pelo acasalamento entre o europeu branco com a mulher negra. Destes dois tipos de acasalamento surgiram mestiços de origem ameríndia e mulatos. "Um povo mestiço na carne e no espírito, já que aqui a mestiçagem jamais foi crime ou pecado" (RIBEIRO, 1996, p. 453). Deste acasalamento primigênio, particularmente com a Índia, constituiu-se a protocélula da futura sociedade brasileira, e, consequentemente, aquilo que se chamaria o povo brasileiro assente em duas matrizes antropológicas diversas, mas ambas rejeitadas dos pontos de vista político, social e rácico pelo europeu português (RIBEIRO, 1996, p. 208-227).

Interessa deste modo que a *alma imaginal* brasileira assuma convictamente a sua dimensão "tigrada", ou seja, o seu fundo plural, malhado e miscigenado, cujas raízes étnico-raciais mergulham e se perdem no complexo emaranhado antropológico indígena, africano e europeu obreiro de um "trajeto antropológico" (Gilbert Durand) simultaneamente étnico-social e ideocultural e cósmico (imaginário social) e psicológico-mitológico (imaginário mítico) que ainda hoje não se conhece todos os seus efeitos e consequências. A sobrevivência da *alma imaginal* brasileira, e a sua respectiva saúde sociocultural, psicológica e mítico-simbólica, depende do modo e da capacidade de resiliência da sociedade brasileira em estimular e animar a pluralidade antagonista que a constitui numa tensão heterogênea criativa e remitologizante[4]. Uma *alma imaginal*[5], imemorial e transpessoal, reservatório luxuriante de imagens arquetípicas (Jung), veiculadora de uma "visão do mundo" impregnada de inocência adâmica e de solidarismo edênico que logo no ano de 1500 começou, e principalmente depois, ainda mesmo hoje, no nosso século, e é preciso não o esquecer e dizê-lo sem qualquer ambiguidade, a ser profanada e espoliada pela santa união da cruz e da espada dos pontos de vista antropológico, cultural, ético e ecológico.

Chegados aqui importa indagarmos, através das múltiplas salas da *alma imaginal*, da *memoria* coletiva brasileira, quais os *mitologemas* que a constituem, que a povoam; enfim, saber aquilo que se esconde no *thesaurus inscrutabilis* dessa alma "tigrada", mestiça. O que significa, portanto, reconhecer que é no mito "que se revelam os arquétipos ou universais da psique inconsciente. Os mitos são de *universali fantastici*, de Giambattista Vico, e eles podem modificar a ordem da imaginação. Eles tornam-se os novos universais imaginais de uma psicologia arquetípica" (HILLMAN, 1977, p. 148).

---

[4] Sobre a questão do retorno do mito, cf. DURAND, G. *Introduction à la Mythodologie*, cap. 1: "Le retour du mythe: 1860-2100", p. 15-44.

[5] Quase que escreveríamos aqui do seu "inconsciente coletivo" – JUNG, 1991a, p. 23-46, 1991b, p. 448; da sua *Memoria* coletiva para lembrar James Hillman, 1977, p. 142: "Sa redécouverte de la *memoria* comme inconscient collectif rendit possible une distinction entre l'inconscience aux sens étroits (léthargie, transe, coma, routine et oubli) et l'inconscient dans le sens ancien de *memoria*".

2 Do imaginário mítico brasileiro

Darcy Ribeiro aponta, na base de outros contributos, as caraterísticas do tipo psicossocial brasileiro do seguinte modo: "o servilismo, a humildade, a rigidez, o espírito de ordem, o sentido de dever, o gesto pela rotina, a gravidade, a sisudez [a resignação e a passividade]", não deixando contudo de assinalar também outras caraterísticas, tais como: a "criatividade do aventureiro, a adaptabilidade de quem não é rígido, mas flexível, a vitalidade de quem enfrenta, ousado, azares e formas, originalidade dos indisciplinados" (RIBEIRO, 1996, p. 451). Para além deste contributo, seria igualmente tentador atermo-nos ao qualificativo de "novo" numa perspetiva étnico-racial em que uma cultura sincrética e mestiça suscita uma "inverossímil alegria e espantosa vontade de felicidade" (RIBEIRO, 1996, p. 19), ou evidenciarmos a mestiçagem do imaginário social brasileiro. Contudo, aquilo que nos atrai é, na perspetiva de Gilbert Durand, encarar o imaginário "novo" do Brasil[6] a partir das suas caraterísticas míticas, dos seus mitos e dos seus *mitologemas*.

Gilbert Durand caracteriza novo imaginário brasileiro como fisiologicamente fecundo e feminino: por um lado, o imaginário da fecundidade (lembrando as deusas gregas ligadas à fecundidade e à terra, tais como: Deméter, Reia ou Reía, Gaia/Geia/Gê/Gea, Ártemis, Perséfone e o deus grego Dioniso), e por isso é um imaginário da penetração pela terra aden-

---

6 Cf. as designações da terra brasileira desde a descoberta por Pedro Álvares Cabral: Ilha de Vera Cruz (1500), Terra Nova (1501), Terra de Vera Cruz ou do Brasil (1503), Terra de Santa Cruz (1503), Terra do Pau-brasil (1505), Ilha da Cruz (1505), Terra do Brasil (1505), Terra Santa Cruz do Brasil (1527), e finalmente nos limites do século XVI foi denominada Brasil, cuja designação permanece até os dias de hoje.

tro e dela possessivo, desde o litoral à vastidão da Amazônia, como aliás os estudos, entre outros, da história indígena e do indigenismo o ilustram; por outro, o imaginário da feminilidade (lembrando a deusa Afrodite e o deus Eros na mitologia grega). Deste modo os contornos deste tipo de imaginário, quase sempre desconhecido e recalcado[7] pelo "eu" social (1996c, p. 144) colonial (1500-1822) e mesmo pós-colonial (1822 até aos dias de hoje), são-nos dados pela feminilidade e natureza nas suas formas aquática e terreal: um imaginário que simultaneamente se pretende telúrico, ctônico, possessivo da terra que rasga e que conquista as tribos indígenas, mas igualmente um imaginário feminino que sonha com a figura da mulher quer como mãe acolhedora e esposa procriadora, quer como objeto de desejo e de posse sexual (DURAND, 1996b, p. 184-186).

O imaginário mítico brasileiro, que estamos descrevendo, dificilmente fica completo se não evocarmos alguns dos seus mitos diretores[8]: um que identificamos com o Mito da

---

7 Na "tópica" sociocultural durandiana (DURAND, 1996c, p. 131-156), tanto a feminilidade como a Terra Mãe (que correspondem aos arquétipos da *Anima* e da Mãe na psicologia junguiana) encontram-se recalcadas no chamado "id" social com consequências nefastas, mutiladas e sombrias no plano do "eu social", ou seja, da consciência social (GAMBINI, 1988, 2004, p. 1-15, 1988; BRIZA, 2004, p. 85-90, 2006).

8 Da mitanálise que fizemos da história do Brasil colonial, pós-colonial e republicano recenseamos dois grandes mitos diretores: o Mito da Idade de Ouro e o Mito de Prometeu. Contudo, não é de todo nossa intenção reduzir a configuração mítica da "bacia semântica" histórico-social brasileira a estes dois mitos que, embora considerados diretores, não pretendem de modo algum ser exclusivos. Certamente que outros haveriam que ser igualmente considerados e analisados, particularmente aqueles ligados ao messianismo que sacode a *alma imaginal* brasileira e que, por sua vez, reenviam para o cenário milenarista com os seus mitos de origem e escatológicos.

Idade de Ouro[9] e outro identificado com o Mito de Prometeu. Do lado do primeiro mito (da Idade de Ouro) encontram-se os *mitologemas* do "ouro", da "fecundidade/feminilidade/ matriarcalismo", enquanto do lado do segundo mito (o de Prometeu) encontramos os *mitologemas* da "masculinidade/ patriarcalismo" da "ordem" e do "progresso"[10], cujas divisas comtianas animaram a realidade sociopolítica e científico-cultural brasileira, nomeadamente a ideologia e a ação republicana brasileiras, como é conhecido (LINS, 1967; SOARES, 1998). Como corolário deste conjunto de *mitologemas* agora apresentados, temos também o do "homem novo" como uma espécie de "salvador" vindo de dentro, ou seja, não somente como fruto do processo sociocultural e de uma nova construção étnica brasileira (RIBEIRO, 1996, p. 132-133, 257-265, 447-455), mas como sendo possuidor de uma alma mestiça, "tigrada", miticamente plural. Por fim, importa realçar a importância das figuras míticas que constituem o imaginário mítico brasileiro e que foram estudadas particularmente por Luís da Câmara Cascudo nas suas obras dedicadas ao folclore e aos mitos brasileiros (1954, 1982).

2.1 Do Mito da Idade de Ouro ao País da Cocanha

O Mito da Idade de Ouro (*aurea aetas, aurea saecula, tempus aureum* – Hesíodo, 2001, versos 90-93 e 109-120; Oví-

---

9 Incluindo aqui a importância mítico-simbólica da Terra Mãe muito ligada à fecundidade humana e agrária e o País da Cocanha que nós identificamos com o Brasil das descobertas.

10 Estes *mitologemas* não serão desenvolvidos aqui individualmente devido aos constrangimentos editoriais do presente estudo, de os termos juntado ao Mito de Prometeu no que concerne ao *mitologema* do "progresso" enquanto colocamos o *mitologema* da "ordem" do lado do *mitologema* da "masculinidade/patriarcalismo".

dio, 1928, versos 90-110)[11], associado também às "Ilhas Afortunadas", às "Ilhas dos Bem-aventurados", ao "Jardim das Hespérides", à "Árcadia", aos "Campos Elísios", ao "País da Cocanha" e ao "Jardim do Éden", é um mito universal que traduz bem "as aspirações profundas da humanidade quando ela procura idealizar uma vida coletiva bem-aventurada e pacífica" (WUNENBURGER, 2002, p. 26, 25, 27-28). Salientamos que os *mitologemas*[12], ou temas fundamentais, que o constituem são fundamentalmente três, a saber: os da paz, da abundância e da longevidade; este mito representa uma época em que a humanidade vivia "sem artifícios, sem invenções técnicas, mas também sem instituições, sem mediação das leis, numa espécie de estado de natureza oposto à cultura" (WUNENBURGER, 2002, p. 27-28). A visão dos primeiros navegantes de quinhentos, quando do primeiro encontro com os indígenas, era como se estes fossem uma humanidade edênica antes da sua expulsão do paraíso terrestre: "Para os índios que ali estavam, nus na praia, o mundo era um luxo de se viver, tão

---

11 Da nossa parte, contentar-nos-emos, na linha de Gilbert Durand, de assinalar os cinco *mitologemas* (ainda que G. Durand fale de *mitemas*) que o constituem. O Mito da Idade de Ouro retrata um mundo imaginário ligado à tradição grega e muito próximo do "Paraíso" da tradição judaico-cristã: "A bem dizer, a Idade de Ouro e o Paraíso, descrito nas primeiras linhas da Bíblia, são duas maneiras de representar uma existência ideal, feliz e perfeita que foram desenvolvidas nas duas tradições de pensamento e de civilização diferentes (paganismo greco-latino e biblismo judaico e cristão)" (WUNENBURGER, 2002, p. 22). Existe uma extensa bibliografia sobre este mito e outros que lhe estão associados. Cf., p. ex., os trabalhos de Hilário Franco Júnior (*Cocanha – Várias faces de uma utopia*, 1998), de Hugo Francisco Bauza (*El imaginario clássico: edad de oro, utopia y arcadia*, 1993), entre outros.

12 Gilbert Durand usa o conceito de *mitemas*, em número de cinco, para caracterizar as significações do Mito da Idade de Ouro (DURAND, 2000, p. 248; WUNENBURGER, 2002, p. 26).

rico de aves, de peixes, de raízes, de frutos, de flores, de sementes, que podia dar as alegrias de caçar, de pescar, de plantar e colher a quanta gente aqui viesse ter na sua concepção sábia e singela, a vida era dádiva de deuses bons" (RIBEIRO, 1996, p. 45). Também são os *mitologemas* atrás mencionados que caracterizam o país imaginário da Cocanha onde reina a abundância, a paz, a concórdia e a justiça (WUNENBURGER, 2002, p. 22-29; GUSDORF, 2005, p. 13-21, 27-34; POIRIER, 1996).

Neste contexto, pensamos não ser forçado identificar miticamente o Brasil com o país imaginário da Cocanha como aquele país (lembrando aqui a pintura de Peter Bruegel, 1567) em que a mãe terra é fecunda e rica em águas doces e em peixes, uma terra que produz abundantemente e sem esforço os alimentos que humanos e animais carecem, permitindo aos índios alimentarem-se sem esforço dada a prodigalidade da natureza, cujas colheitas generosas permitiam que o indígena vivesse sem angústia e sem o desejo destrutivo da cobiça pelas riquezas; o trabalho é desconhecido nos moldes que os descobridores-colonos portugueses o praticam, assim como desconhecia qualquer tipo de exploração e de violência racial; o homem tradicional (leia-se o índio do Brasil de quinhentos) vivia em condições climáticas ideais e em perfeita harmonia com todas as formas de vida (homem-animal-planta): a vida para os índios antes do "achamento" do Brasil era "uma tranquila fruição da existência num mundo dadivoso e numa sociedade solidária" (RIBEIRO, 1996, p. 47); o homem tradicional (quase que androgínico)[13] do Brasil de quinhentos

---

[13] O descobridor face a esta quase androginia das várias tribos índias encarnava a serpente no paraíso do homem inocente animado de boas intenções e de projetos e desígnios: "Eram [os índios], a seu modo, inocentes, confiantes

não conhecia a doença (RIBEIRO, 1996, p. 46-47) nem as vicissitudes da usura do tempo e, apesar de se guerrear em lutas intertribais, vivia ainda num clima de aparente tranquilidade: "Claro que tinham suas lutas, suas guerras. Mas todas concatenadas, como prélios, em que se exerciam valentes" (RIBEIRO, 1996, p. 34, 47).

Numa palavra, o País da Cocanha (leia-se a terra brasileira antes da descoberta e consequente colonização) vivia numa primavera eterna (a expressão é de Ovídio) e os seus rios eram de leite, de néctar e o mel abundante quando comparado com o depois da descoberta, colonização e exploração forçadas que se lhe seguiram abençoadas pelo flagelo da pregação missionária da Contrarreforma, principalmente pela mão dos próprios jesuítas, seguidos dos franciscanos e dos carmelitas envoltos numa atmosfera messiânica e apocalíptica influenciada pela doutrina de Joaquim de Fiore (RIBEIRO, 1996, p. 58-63; DURAND, 1996b, p. 183; DESROCHE, 2010; DELUMEAU, 1997, p. 7-104)[14].

2.2 O Mito de Prometeu sob o signo do progresso

O outro mito diretor, por nós atrás mencionado, é o de Prometeu[15], que na leitura "à americana" feita por Gilbert

---

[...] e capacitados, como gente alguma jamais o foi, para a convivência solidária" (RIBEIRO, 1996, p. 45).

14 De acordo com Mircea Eliade, a colonização das duas Américas começou sob o signo escatológico: "on croyait que les temps étaient venus de renouveler le monde chrétien, et le vrai renouveau était le retour au Paradis terrestre ou, tout au moins, le recommencement de l'Histoire sacrée, la réitération des événements prodigieux dont parlait la Bible" (1991, p. 153).

15 Para um desenvolvimento deste mito em que Prometeu aparece como um protótipo do heroi masculino e do futuro-*pre-visto* e planeado, veja-se, entre outras, as seguintes obras: TROUSSON, R. *Le thème de Prométhée dans la*

Durand aparece constituído dos seguintes *mitologemas*: natureza titanesca, desobediência aos deuses, castigos, pai dos homens, benfeitor da humanidade, liberdade, generosidade heroica e imortalidade. Na base destes *mitologemas*, Gilbert Durand salienta que este mito define sempre "uma ideologia racionalista, humanista, progressista, cientista e, algumas vezes, socialista" (1996, p. 91), daí que possamos afirmar que o mito prometeico representa um ideal de uma humanidade senhora do seu destino, senhora da natureza e guia suprema do devir, muito crente no par técnica-ciência como condição de "progresso" e de aperfeiçoamento da espécie humana. Por detrás deste mito escondem-se as expectativas milenaristas que, à medida que se laicizaram, foram-se travestindo na ideologia do "progresso"anunciadora, por sua vez, de uma nova "Idade de Ouro" já metamorfoseada em "Nova Jerusalém Celeste" (TAGUIEFF, 2004): cidade luminosa anunciadora de um amanhã radioso e de uma "nova" humanidade, ou seja, de uma humanidade transfigurada mais feliz (a ideia de Felicidade) e mais perfeita (a ideia de Perfectibilidade ilimitada) sob a égide da ciência e da técnica que os descobridores de quinhentos e mais tarde os colonos representavam. Desde o "achamento", descoberta ou invasão brasileira até à independência, a tecnologia, nas suas mais diversas facetas, assumiu sempre um lugar privilegiado por parte dos núcleos coloniais brasileiros que se ocupavam da vida econômica agrário-mercantil nas suas diferentes fases de produção: da cana-de-açúcar, passando pela extração mineira de ouro e de diamantes, pelo ciclo

---

littérature européenne, 1976; KÉRENYI, C. *Prometheus: archetypal image of human existence*, 1997; SÉCHAN, L. *Le mythe de Prométhée*, 1951; DUCHEMIN, J. *Prométhée – Histoire du mythe, de ses origines orientales à ses incarnations modernes*, 2000.

da borracha e do café, além da criação de gado... (RIBEIRO, 1996, p. 74-75).

3 Os mitologemas da alma imaginal brasileira

A nossa tarefa de inventariação dos *mitologemas* da alma brasileira encontra-se facilitada porque Gilbert Durand escreveu uma conferência intitulada justamente "Lointain Atlantique et prochain tellurique, imaginaire lusitanien et imaginaire brésilien" (1996a, p. 181-187), na qual oferece uma reflexão aprofundada e estimulante do imaginário telúrico brasileiro. Na sua perspectiva, conseguimos inventariar explicitamente os *mitologemas* da "fecundidade/feminilidade/matriarcalidade" e do "ouro", indiretamente selecionamos os *mitologemas* da "masculinidade/patriarcalidade" e do "homem novo", que daremos uma particular ênfase.

3.1 Mitologema da fecundidade sob o signo da feminilidade: matriarcalismo (Andrés Ortiz-Osés) – Anima *(Jung)*

A natureza imensa do Brasil, bem como a sua fecundidade agrícola, piscícola e cinegética, é de tal modo imponente e transbordante que não pode deixar de ser simbolizada pela Terra *Mater* ou *Tellus Mater*[16] (ELIADE, 2008, p. 192-233) que, por sua vez, está intimamente ligada à feminilidade como, aliás, o realça Gilbert Durand: "Imaginário da terra, e quem diz terra diz feminilidade. Inicialmente pura constelação imaginária em que a fecundidade agrícola, a fecundidade fluvial, a fecundidade florestal se conjugam com o ventre mineiro do Eldorado" (1996b, p. 183-184).

---

[16] Terra Mãe, que tem no arquétipo da Grande Mãe a sua correspondência psicológica (JUNG, 1988, p. 87-131; NEUMANN, 1981), assim como tem nas deusas Gaia e Reia a sua correspondência mitológica na tradição grega.

É de notar que as tribos encontradas pelos lusitanos ao longo do litoral brasileiro eram principalmente tribos de tronco tupi que tinham já ultrapassado o estádio pré-agrícola daqueles indígenas que dependiam da generosidade da natureza tropical para se alimentarem: "A agricultura lhes assegurava [aos índios da matriz Tupi] fartura alimentar durante todo o ano e uma grande variedade de matérias-primas, condimentos, venenos e estimulantes" (RIBEIRO, 1996, p. 32). Não esquecendo que aos alimentos cultivados, simbolizados pela mandioca e pelo caju muito abundantes, os indígenas procuravam instalar-se em lugares potencialmente ricos em caça e pesca. Feita esta obervação, importa igualmente salientar que, quando Pedro Álvares Cabral desembarcou na então Ilha de Vera Cruz (1500), constatou que a natureza luxuriante e exótica de Vera Cruz era fértil e generosa (TAVARES & PEREIRA, 2000, p. 40 e 42).

Como se depreende, quer a fecundidade polimórfica da natureza, quer a feminilidade se conjugam para tornar a alma *imaginal* brasileira mais *Anima* (JUNG, 1988, p. 61-85) nas suas intenções profundas (ELIADE, 1992, p. 71-73) na medida em que o inconsciente coletivo brasileiro abriga a numinosidade escondida, "não figurativa", da feminilidade brasileira nas palavras de Gilbert Durand (1996a, p. 186-187; ELIADE, 1992, p. 71-72):

> O tutelar – que inclui a figura da mãe de família – tende a manifestar-se também no culto, igualmente sentimental e místico, da Mãe, identificado pelo brasileiro com imagens de pessoas ou instituições protetoras: Maria, Mãe de Deus e Senhora dos Homens; a Igreja; a madrinha; a mãe – figuras que frequentemente intervêm na vida política ou administrativa do país, para protegerem, a seu modo, filhos, afilhados e genros. [...] De maternalismo, ou

maternismo, mostra-se, na verdade, impregnado quase todo brasileiro de formação patriarcal ou tutelar. Era como se no extremo amor à mãe ou à madrinha ou à mãe-preta o menino e o próprio adolescente se refugiassem do temor excessivo ao pai, ao patriarca, ao velho – senhor, às vezes sádico, de escravos, de mulheres e de meninos (FREYRE, 1º tomo, s.d., p. 49).

3.2 Mitologema da masculinidade sob o signo da ordem: patriarcalismo etnocentrista (Andrés Ortiz-Osés) – Animus (Jung)

A sociedade colonial é fisiologicamente patriarcal, etnocentrista, cuja *Anima* se encontra ferozmente recalcada nas profundezas da sua psique coletiva. A economia é predominantemente agroindustrial e dominada pela monocultura açucareira (RIBEIRO, 1996, p. 274-306), cafeeira (RIBEIRO, p. 393-407), extrativista do ouro depois de 1700 (RIBEIRO, 1996, p. 372-382), e a cultura da borracha (RIBEIRO, 1996, p. 323-330), sem, contudo, esquecer a crescente importância das pastagens para a criação do gado (RIBEIRO, 1996, p. 339-554), da exploração da floresta, mesmo a cultura do algodão, que só realmente se desenvolveu no período do Império (1822-1889). A este modelo econômico corresponde um sistema social classista marcado pelo poder econômico, pela ordenação oligárquica, pela cor, pelo preconceito e pela distância social entre o pobre e o rico e a discriminação dos negros, mulatos e índios, muito especialmente a discriminação dos negros (RIBEIRO, 1996, p. 75, 208-227):

Ambos [o coronel fazendeiro e o cabra] representam os produtos humanos naturais e necessários de uma ordem que brilha no fazendeiro como a sua expressão mais nobre e se degrada no lavrador como o seu dejeto, produzido socialmente para trabalhar como enxadeiro, apenas aspirando a ascender a capataz na usina, a peão na estância ou a cabra valente no sertão (RIBEIRO, 1996, p. 218).

A caraterística de base deste tipo de *mitologema* é a obsessão pela ordem política, pela rigidez e pela estratificação social representadas pelo proprietário do engenho açucareiro do Brasil crioulo[17] que encarnava o patronato oligárquico (RIBEIRO, 1996, p. 277-279, 208-227). A figura do senhor de engenho, qual *pater familias* (RIBEIRO, 1996, p. 278-279), símbolo de uma masculinidade viril e patriarcal[18] cujo *ethos* se mantém, ora patente ora latente, na sociedade brasileira até os dias de hoje (FREYRE, s.d., 1990): "O patriarcal tende a prolongar-se no paternal, no paternalista, no culto sentimental ou místico do pai, ainda identificado, entre nós, com as imagens de homem protetor, de homem providencial, de homem necessário ao governo geral da sociedade" (FREYRE, 1º tomo, s.d., p. 49).

A sociedade tradicional brasileira tomou como modelo esta matriz estrutural assente na dialética senhor de engenho/escravo índio ou negro e da empresa agromercantil (RI-

---

[17] Diz-nos Darcy Ribeiro que a "cultura crioula é, por isso, a expressão na conduta e nos costumes dos imperativos da economia monocultora destinada à produção de açúcar" (RIBEIRO, 1996, p. 288).

[18] Antes de abalançarmo-nos a descrever a dominância patriarcal nesse tipo de exploração, não podemos deixar de chamar também a atenção, entre outros exemplos possíveis, para a relação rigidamente hierarquizada entre criador e vaqueiro na cultura sertaneja: "Enquanto dono e senhor, o proprietário tinha autoridade indiscutida sobre os bens e, às vezes, pretendia tê-la também sobre as vidas e, frequentemente, sobre as mulheres que lhe apetecessem" (RIBEIRO, 1996, p. 343; CUNHA, s.d., p. 96-98).

BEIRO, 1996, p. 283) que afirmava a natureza sacrossanta da ordem social e a inviolabilidade do direito à propriedade que incluía os escravos. O senhor de engenho detinha o poder econômico-social sobre os demais: a ordem açucocrática era patriarcal, rígida hierarquicamente e onde a família senhorial desempenhava também um papel social não despiciendo, particularmente os filhos varões do senhor de engenho:

> Diante dele se curvavam, submissos, o clero e a administração reinol, integrados todos num sistema único que regia a ordem econômica, política, religiosa e moral. Nesse sentido, constituía uma oligarquia que operava com a cúpula patronal da estrutura de poder da sociedade colonial. [...] No seu domínio, o senhor de engenho era amo e o pai, de cuja vontade e benevolência dependiam todos, já que nenhuma autoridade política ou religiosa existia que não fosse influenciada por ele [...] A senhorialidade do patronato açucareiro lembra, em muitos aspectos, a da aristocracia feudal, pelos poderes equivalentes que alcança sobre a população que vivia em seus domínios, pelo exercício da judicatura e pela centralização pessoal do mando (RIBEIRO, 1996, p. 284-285 e 289).

3.3 Mitologema de ouro

A importância que a procura, senão mesmo corrida do ouro (1701-1780) (RIBEIRO, 1996, p. 372)[19], seguida da mi-

---

19 A este respeito, afirma Georges Gusdorf: "O fenômeno da corrida ao ouro, delírio coletivo mobilizando massas fanatizadas em direção aos lugares onde se manifestou a presença do metal-rei, não passa de um aspecto entre muitos outros desta procura do absoluto, da qual o projecto alquímico da grande obra figura como uma das formas mais tenazes" (2005, p. 24).

neração do diamante (1740-1828), teve no tempo colonial o seu apogeu no século XVIII personificado quer pela cidade de Ouro Preto (outrora chamada de Vila Rica) (RIBEIRO, 1996, p. 152-157, 372-377), quer pelo próprio estilo barroco, de natureza rococó, traduzido na e pela Igreja de São Francisco em Salvador (1713-1750)[20]. É um tipo de estilo que se oferece aos olhos do profano como um dos melhores exemplos da primeira época do estilo barroco brasileiro e como metáfora perfeita da simbólica do próprio ouro: brilho e fulgor cintilante!

O ouro como símbolo da prosperidade material e brilhando como o sol aparece como uma das referências míticas pregnantes da alma *imaginal* do povo brasileiro, porque o ouro tem "um significado para além daquilo que é; quer dizer, mais do que aquilo que diz. [...] ele é um universal humano cujo significado múltiplo excede muitíssimo a mera realidade material. Porque o homem não vive num mundo de coisas, vive sim num mundo de valores e de símbolos" (GUSDORF, 2005, p. 21). E aqui encontramos a simbólica do ouro que tem a ver com a sua raridade e riqueza, com o seu brilho e fulgor cintilante, com o fato de ser inalterável, logo dotado de um caráter de pureza e de genuinidade (GUSDORF, 2005, p. 23).

As terras de Minas Gerais, Goiás e Mato Grosso eram tão ricas em ouro que, graças às suas riquezas, foram edificadas cidades magníficas e ricas de patrimônio secular e religioso exuberante e suntuoso (o caso, por exemplo, de Ouro Preto),

---

20 Recordamos que a riqueza derivada da economia açucareira esteve na base da edificação das cidades de Recife, Olinda e das do Estado da Bahia e também do seu patrimônio religioso, nomeadamente das suas igrejas e conventos. Mais tarde, devido ao contributo financeiro proveniente da mineração, essas cidades e seu respectivo patrimônio sofreram um impulso considerável.

particularmente este último com o seu estilo barroco: é portanto uma civilização do ouro que nasce!

4 Do mitologema do *homo novus* brasileiro: o papel da educação remitologizadora

Gilbert Durand no seu artigo "Lointain Atlantique et prochain tellurique, imaginaire lusitanien et imaginaire brésilien" (1996b, p. 181-187) escreveu uma frase que rotulamos de profética no tocante ao *homo novus* brasileiro quando diz: "A ascese indo-europeia denuncia a dupla tentação da "mulher e ouro". O *homo novus* brasileiro não tem estes pruídos e aceita com avidez os eldorados e mulher múltipla" (DURAND, 1996b, p. 185). Se há frases felizes que podiam ser escritas sobre o *mitologema* do "homem novo" brasileiro, esta é seguramente uma delas, porque, se há coisas que este tipo de novo homem mais deseja é, na verdade, possuir riquezas, acumulá-las, ostentá-las. Por outro lado, é consumido pelo desejo feminino, pelo prazer da sensualidade e pelos deleites sexuais (o princípio de prazer, diria Freud), ou seja, é consumido pelo desejo do eterno feminino travestido de índia, negra, mulata ou branca.

Contudo, as facetas do *homo novus* brasileiro não se limitam ao culto do ter e do prazer, embora estes aspectos sejam a expressão patente (o sintoma, diríamos) de feridas simbólicas latentes como, por exemplo, as feridas da sua inferioridade ancestral e da sua orfandade arquetipal. A "nova" sociedade brasileira procura sublimar pelo e no ter o sentimento de "ninguendade" que fala Darcy Ribeiro, persistindo em esquecer que a sua pacificação e reconciliação com a sua alma *imaginal* passa antes pelo caminho do ser (novamente aqui a lembrança de Erich Fromm). Para o trilhar é preciso, como diz o poeta sevilhano António Machado, andar, fazê-lo, e isto significa que o "homem novo" deve tomar, antes de tudo, consciência dos seus sentimentos de inferioridade cultural e civilizacional e de orfandade arquetípica e mítica. Estes sentimentos são conjuntamente, ainda que não certamente exclusivos, responsáveis pelas feridas simbólicas que a alma brasileira manifesta entre luzes (que representam a esperança desse "homem novo" reencontrar as suas raízes indígena e africana perdidas) e sombras (que representam aquilo que Darcy Ribeiro designou de "ninguendade" (1996, p. 453), ou seja, aquele que não tem consciência de si, corresponde, nas palavras de Roberto Gambini, à "alma do anônimo ninguém" (2004, p. 8)).

Urge, pois, que o "homem novo" brasileiro abandone o estádio de "ninguendade" que o consome e que o sufoca ao ponto de ele não chegar mais a ter consciência de si, ou seja, dele ignorar a natureza da sua alma *imaginal* "tigrada", mestiça. Para isso, ele deve tomar consciência das correntes que o agrilhoam tão pesadamente a um passado de culpa, de tumulto, de escravidão, de revoltas, de ódios e de injustiças e, correlativamente, deixar de messianicamente esperar quer pelo "salvador vindo de fora", quer pela "vinda de um rei salvador escondido" (DURAND, 1989, p. 241-248) que o resgatarão da terra da "ninguendade", da multidão do "zé-ninguém", e que lhe ofertarão uma identidade, quiçá ilusória, como aquela que foi obtida com a independência do Brasil enquanto nação una e independente (1889). A recuperação da sua identidade é obra dele próprio. Ele tem como tarefa primeira e última de fazer-se, de conhecer-se na sua polifonia étnica, ainda que transfigurada, para ocupar o seu lugar na sua vida pessoal e coletiva. O que pretendemos dizer é que o "homem novo" brasileiro para cumprir-se e cumprir o seu destino individual e coletivo não deve esperar messianicamente por um qualquer "salvador vindo de fora", pela vinda de um "rei salvador escondido" ou por qualquer outro milagre: deve sim olhar-se como sendo ele próprio o salvador de si-mesmo já não vindo de fora, mas das entranhas profundas da Terra *Mater* amada porque continente de tantas civilizações imemoriais..., assim como também não deve esperar em vão pela vinda de um rei salvador que lhe leve novamente de volta ao país perdido da Cocanha, ao prestígio das origens (Mircea Eliade) em que o "mais belo era dar que receber" (RIBEIRO, 1996, p. 42). Deve, enquanto salvador vindo de dentro, ser obreiro da alma *imaginal* brasileira como alma "tigrada", espelho, portanto, de "homem novo" universal, mais fratrial[21] e mais reconciliado *eudaimoniamente* com a sua *Anima-Animus* graças a uma educação humanista não iconoclasta e remitologizadora (ORTIZ-OSÉS, 1994, p. 309-312), ou seja, por uma educação valorizadora simultaneamente de um "novo humanismo" (ELIADE, 1991, p. 17-32) e do papel formativo que os mitos, os *mitologemas*, as figuras míticas e os símbolos assumem no imaginário social e que desempenham na alma *imaginal* de determinada cultura uma função remitologizadora. Numa palavra, a educação remitologizadora tem como uma das tarefas principais redescobrir os mitos e símbolos que habitam a alma *imaginal* de uma determinada cultura, neste caso concreto, a brasileira.

É portanto pela iniciação que o *homo novus* brasileiro pode aceder à pluralidade tigrada da sua alma *imaginal*, adquirir uma sensibilidade mítica que o faça entender que essa alma

---

21 Este conceito é da autoria de Andrés Ortiz-Osés (1993, p. 17-22) que o usa hermesianamente quando fala das categorias matriarcal e patriarcal: é um conceito de ligação que recupera em si as características tanto do inframundo ctônico e matriarcal (Dioniso por exemplo), tanto do supramundo celestial e patriarcal (Apolo).

encerra em si uma novidade criativa de novas possibilidades irrigadas por correntes mitogênicas, ou tradições míticas tão diferentes: a mitologia ameríndia, a mitologia africana e a mitologia greco-romana. É, pois, um conjunto de mitologias milenar que lhe confere simultaneamente uma vitalidade instintivamente transformadora e a capacidade de produzir um potente antídoto para curar a alma brasileira da sua mutilação, para parafrasearmos aqui o título de Dulce Helena Briza (2006). E é por esse mesmo antídoto (uma espécie de elixir salvífico, até mesmo do Santo Graal, com a riqueza simbólica que lhe é milenarmente atribuída (DURAND, 2000, p. 123-171) que o Brasil possa de novo se conciliar com os seus *daimones* míticos e se torne assim, para jogarmos aqui com a máxima célebre de Pascal, o "cosmos do homem verdadeiro e total".

Referências

ARAÚJO, A.F. *O "homem novo" no discurso pedagógico de João de Barros* – Ensaio de mitanálise e de mitocrítica em educação. [s.l.]: UM/IEP/Ceep, 1997.

BAUZA, H.F. *El imaginario clásico* – Edad de oro, utopia y arcadia. Santiago de Compostela: Universidad, 1993.

BRIZA, D.H.R. *A mutilação da alma brasileira* – Um estudo arquetípico. São Paulo: Vetor, 2006.

_____. "Psicoterapia e a mutilação da alma brasileira". *Desafios da prática* – O paciente e o continente. São Paulo: Lector, 2004, p. 85-90 [Anais do III Congresso Latino-Americano de Psicologia Junguiana].

CASCUDO, L.C. *Geografia dos mitos brasileiros*. Rio de Janeiro: José Olympio, 1982.

_____. *Dicionário do Folclore Brasileiro*. Rio de Janeiro: MEC/Instituto Nacional do Livro, 1954.

COMTE, A. Catecismo positivista ou exposição sumária da religião universal de onze colóquios sistemáticos entre uma mulher e um sacerdote da humanidade – O amor por princípio, a ordem por base; o progresso por finalidade. Mem-Martins: Publicações Europa América, s.d. [Trad. de Fernando Melro].

CORBIN, H. *Corps spirituel et terre celeste:* de L'Iran Mazdéen à L'Iran Shî'ite. 2. ed. Paris: Buchet/Chastel, 1979.

_____. *L'Imagination creatrice dans le Soufisme D'Ibn Arabî*. Paris: Flammarion, 1976.

_____. "Mundus imaginalis ou L'imaginaire et l'imaginal". *Cahiers Internationaux de Symbolisme*, n. 6, 1964, p. 3-26.

CUNHA, E. *Os sertões* – Campanha de Canudos. Lisboa: Livros do Brasil, s.d.

DELUMEAU, J. *Mil anos de felicidade* – Uma história do paraíso [Trad. de Augusto Joaquim. Lisboa: Terramar, 1997].

DESROCHE, H. "Dieux d'Hommes". *Dictionnaire des Messianismes et des Millénarismes du 1er siècle à nos jours*. Paris: Berg International, 2010.

DUCHEMIN, J. *Prométhée* – Histoire du mythe, de ses origines orientales à ses incarnations modernes. Paris: Les Belles Lettres, 2000.

DURAND, G. & SUN, C. *Mythe, themes et variations*. Paris: Desclée de Brouwer, 2000.

_____. "Redondances mythiques et renaissances historiques". In: CHAUVIN, D. *Champs de l'imaginaire* – Textes réunis. Grenoble: Ellug, 1996a, p. 169-179.

_____. "Lointain Atlantique et prochain tellurique, imaginaire lusitanien et imaginaire brésilien". In: CHAUVIN, D. *Champs de l'imaginaire* – Textes réunis. Grenoble: Ellug, 1996b, p. 181-187.

_____. *Introduction à la Mythodologie* – Mythes et sociétés. Paris: Albin Michel, 1996c.

_____. *Les structures anthropologiques de l'imaginaire* – Introduction à l'archétypologie générale. 11. ed. Paris: Dunod, 1992.

_____. "Oração do Prof. Gilbert Durand". *Revista da Faculdade de Ciências Sociais e Humanas*, 3, 1989, p. 238-255.

_____. "The Imaginal". In: ELIADE, M. (ed. chefe). *The Encyclopedia of Religion*, vol. 12, 1987, p. 109-115. Nova York: Macmillan.

_____. *Mito e sociedade* – A mitanálise e a sociologia das profundezas. Lisboa: A Regra do Jogo, 1983 [Trad. de Nuno Júdice].

_____. *Mito, símbolo e mitodologia*. Lisboa: Presença, 1982 [Trad. de Hélder Godinho e Vítor Jabouille].

_____. *L'âme tigree* – Les pluriels de psyché. Paris: Denoël/Gonthier, 1980.

ELIADE, M. *Initiation, rites, sociétés secrètes*. Paris: Gallimard, 2012.

_____. *Aspects du mythe*. Paris: Gallimard, 2011.

_____. *Mythes, rêves et mystères*. Paris: Gallimard, 2008.

_____. *O sagrado e o profano*. São Paulo: Martins Fontes, 1992 [Trad. de Rogério Fernandes].

_____. *La nostalgie des origines*. Paris: Gallimard, 1991 [Trad. de Henry Pernet].

_____ *Tratado de história das religiões*. Lisboa: Cosmos, 1977 [Trad. de Natália Antunes e Fernando Tomaz].

FLUSSER, V. *Fenomenologia do brasileiro* – Em busca de um novo homem. Rio de Janeiro: Uerj, 1998 [Org. de Gustavo Bernardo] [Disponível em http://textosdevilemflusser.blogspot.com/2008/10/fenomenologia-do-brasileiro-i.html – Acesso em 13/07/2014 (A numeração das páginas é da nossa responsabilidade)].

FREYRE, G. *Ordem e Progresso*[22]. 4. ed. Rio de Janeiro: Record, 1990.

_____ *Sobrados e mucambos* – Decadência do patriarcado rural e desenvolvimento do urbano. 1º e 2º tomos. Lisboa: Livros do Brasil, [s.d.].

_____. *Casa-grande & Senzala* – Formação da família brasileira sob o regime da economia patriarcal. Lisboa: Livros do Brasil, [s.d.].

---

22 Dada a extensão do subtítulo desta obra de Gilberto Freyre, optamos por colocá-la em nota: Processo de desintegração das sociedades patriarcal e semipatriarcal no Brasil sob o regime de trabalho livre; aspectos de um quase meio século de transição do trabalho escravo para o trabalho livre e da monarquia para a república.

GAMBINI, R. *A alma ancestral do Brasil*, 2004, p. 1-13 [Disponível em http: //psiquejung.blogspot.pt/2004/10/alma-ancestral-do-brasil.html – Acesso em 19/02/2014].

_____. *O espelho índio* – Os jesuítas e a destruição da alma indígena. Rio de Janeiro: Espaço e Tempo, 1988.

GARAGALZA, L. "Hermenêutica simbólica". In: ORTIZ-OSÉS, A. & LANCEROS, P. (org.). *Diccionario de Hermenéutica*. 4. ed. Bilbao: Universidad de Deusto, 2004, p. 197-200.

GUATTARI, F. *As três ecologias*. 3. ed. Campinas: Papirus, 1991 [Trad. de Maria Cristina F. Bittencourt].

GUSDORF, G. *Mythe et métaphysique* – Introduction à la philosophie. Paris: CNRS, 2012.

_____. "Reflexões sobre a Idade de Ouro – Tradição da Idade de Ouro no Ocidente". In: SIMÕES, M.B. (org.). *Os templários, o Espírito Santo e a Idade de Ouro*. Lisboa: Ésquilo, p. 13-43 [Trad. de Rosário Morais da Silva].

HILLMAN, J. *Le mythe de la psychanalyse*. Paris: Imago, 1977 [Trad. de Philippe Mikriammos].

HÉSIODE. "Les travaux et les Jours". In: HÉSIODE. *Théogonie et autres poèmes suivi des hymnes homériques*. Paris: Gallimard, 2001, p. 95-144 [Trad. de Jean-Louis Backès].

HOLLIS, J. *Mitologemas* – Encarnações do mundo visível. São Paulo: Paulus, 2005 [Trad. de Gustavo Gersheim].

JUNG, C.G. *Mysterium conjunctionis* – Études sur la séparation et la réunion des opposés psychiques dans l'alchimie. Tomo 1. Paris: Albin Michel, 1992 [Trad. de Étienne Perrot].

_____. *Dialectique du moi et de l'inconscient*. Paris: Gallimard, 1991a [Trad. de Roland Cahen].

_____. *Types Psychologiques*. 7. ed. Genebra: Librairie de l'Université Georg, 1991b [Trad. de Y. Le Lay].

_____. *Problèmes de l'âme moderne*. Paris: Buchet/Chastel, 1991c [Trad. de Yves le Lay].

_____. *Les racines de la conscience* – Études sur l'archetype. Paris: Buchet/Chastel, 1988 [Trad. de Yves le Lay].

JÚNIOR, H.F. *Cocanha*: várias faces de uma utopia. Cotia: Ateliê, 1998.

KERÉNYI, C. *Prometheus*: archetypal image of human existence. Princeton: Princeton University Press, 1997.

_____. "De l'origine et du fondement de la mythologie". In: JUNG, C.G. & KERÉNYI, C. *Introduction à l'essence de la mythologie*. Paris: Payot, 1974, p. 11-41 [Trad. de H.E. Del Medico].

LINS, I. *História do positivismo no Brasil*. 2. ed. São Paulo: Nacional, 1967.

NEUMANN, E. *La grande madre* – Fenomenologia delle configurazioni femminili dell'inconscio. Roma: Astrolabio-Ubaldini, 1981 [Trad. de Antonio Vitolo].

ORTIZ-OSÉS, A. "Hermenéutica simbólica". In: KERÉNYI, K.; NEUMANN, E.; SCHOLEM, G. & HILLMAN, J. *Arquetipos y símbolos colectivos* – Círculo Eranos I. Barcelona: Anthropos, 1994, p. 223-315.

_____. *Las claves simbólicas de nuestra cultura*: matriarcalismo, patriarcalismo, fratriarcalismo. Barcelona: Anthropos, 1993.

OVIDE. *Les metamorphoses*. Tome I (I-V). Paris. Les Belles Lettres, 1928 [Trad. de Georges Lafaye].

POIRIER, J. (org.). *L'Âge d'Or*. Dijon: Éditions Universitaires, 1996.

RIBEIRO, D. *O povo brasileiro* – A formação e o sentido do Brasil. São Paulo: Companhia das Letras, 1996.

SÉCHAN, L. *Le Mythe de Prométhée*. Paris: PUF, 1951.

SOARES, M.P. *O positivismo no Brasil* – 200 anos de Augusto Comte. Porto Alegre: AGE, 1998.

STRAUSS, C.-L. *Anthropologie Structurale*. Paris: Plon, 1958.

TAGUIEFF, P.-A. *Le sens du progress* – Une approche historique et philosophique. Paris: Flammarion.

TROUSSON, R. *Le thème de Prométhée dans la littérature européenne*. 2 vols. 2. ed. Genève: Librairie Droz, 1976.

WHITMONT, E.C. *A busca do símbolo* – Conceitos básicos de Psicologia Analítica. 10. ed. São Paulo: Cultrix, 1995 [Trad. de Eliane F. Pereira e Kátia M. Orberg].

WUNENBURGER, J.-J. *Une utopie de la raison* – Essai sur la politique moderne. Paris: La Table Ronde, 2002.

3 Luzes e sombra da alma brasileira
Um país em busca de identidade

*Walter Boechat**

> *A história da África é importante para nós, brasileiros, porque ajuda a explicar-nos [...] nos faz melhor compreender o grande continente que fica em nossa fronteira leste e de onde proveio quase a metade de nossos antepassados. Ainda que disso não tenhamos consciência, o obá de Benin ou o angola quiluanje estão mais próximos de nós do que os antigos reis de França.*
>
> (COSTA E SILVA, A. *Um rio chamado atlântico*, p. 240.)

A comissão científica do XXII Congresso da Associação Junguiana do Brasil chegou ao tema do Congresso desse ano

---

* É médico, diplomado pelo Instituto C.G. Jung de Zurique, Suíça. Doutor em Saúde Coletiva pelo Instituto de Medicina Social/Uerj. Membro-fundador da Associação Junguiana do Brasil (AJB). Publicou diversas obras no Brasil e no exterior. Sua obra mais recente é *Mitopoese da psique: mito e individuação*. 2. ed. Editora Vozes, 2009. É coordenador técnico da Coleção Reflexões Junguianas da Editora Vozes. Revisor da tradução para o português de *O Livro Vermelho* de C.G. Jung, Editora Vozes. Contato: walter.boechat@gmail.com

após pensar o duplo aspecto da cultura brasileira, suas urgências e intersecções do indivíduo e com a cultura. Na sociedade da comunicação não podemos mais pensar o indivíduo como um ser isolado, mas emergente dentro de um contexto de relações sociais e culturais. Indivíduo, nação, povo e cultura constituem um tecido complexo de relações e interpenetrações potencializado pelas comunicações, trocas comerciais e facilidade de interpenetração entre culturas. Nesse momento de grande abertura para a informação, símbolos e valores de culturas as mais diversas, nas artes e no comércio, surge um movimento de reflexão, uma carência de autorreconhecimento e descoberta: *Quem somos nós?* Como se faz o nosso processo cultural? A questão da identidade cultural passa a ter uma grande urgência. A psicologia passa a ter um papel fundamental nessa busca identitária onde indivíduo, cultura e trocas sociais formam um todo dinâmico em interação.

Psicologia junguiana e o estudo da alma brasileira

A alma brasileira está *em processo dinâmico* de formação, não é um todo acabado. Mais de sessenta povos migraram para o território do Brasil desde a chegada dos portugueses e constituem uma sociedade eminentemente complexa, multirracial, de características únicas, mesmo se comparadas aos nossos irmãos latino-americanos. Por sua própria característica de processo único, original, uma reflexão sobre identidade brasileira torna-se um grande desafio.

A psicologia de Jung pode contribuir em alguma medida nessa reflexão sobre a natureza da alma brasileira e suas questões. Alguns poderão dizer: "oh, estudar o Brasil é uma questão para sociólogos, historiadores e economistas. Os psicólogos do inconsciente terão pouco a contribuir sobre isso".

O que podemos dizer sobre isso é que em tempos do paradigma da complexidade, desde as colocações de Thomas Khun sobre a crise de paradigma, as ciências não podem mais ser pensadas de modo separado. A alma brasileira, em sua vasta complexidade, só pode ser pensada de forma complexa, com o recurso das diversas disciplinas que se interagem. E a psicologia analítica terá muito a dizer sobre isso.

C.G. Jung em sua extensa obra teórica focou seus trabalhos em sua proposta fundamental do inconsciente coletivo de toda a humanidade, os arquétipos e suas manifestações em mitos dos mais diversos povos. Em diversas viagens realizadas a partir dos anos de 1920 esteve em povos tão distintos quanto as sociedades tribais na Costa do Marfim, índios Pueblo do Novo México e templos xivaístas na Índia. Em todos esses locais buscava um objetivo comum: a observação da emergência espontânea do arquétipo através de imagens mitológicas da cultura local. Essas pesquisas tiveram, portanto, um fundamento eminentemente cultural, embora Jung não tenha formulado um modelo teórico para a psique cultural do povo estudado, que é particular, tendo suas particularidades próprias. Em uma única obra Jung procura articular os diversos planos ou extratos da psique, comparando-os aos extratos geológicos (JUNG. *Notes on a Seminar given in 1925*, conference 16).

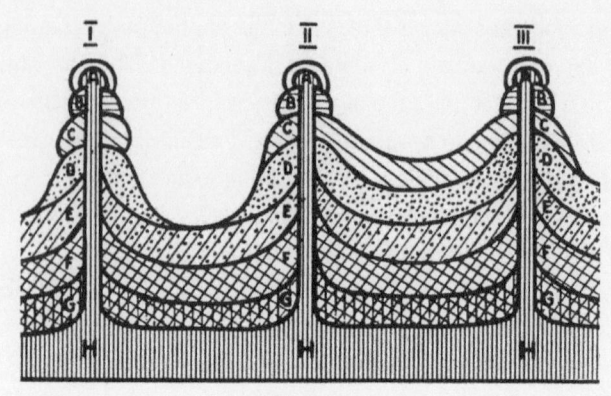

Figura 1

Fonte: JACOBI, J. A psicologia de C.G. Jung – Uma introdução às Obras Completas. Petrópolis: Vozes, 2013, p. 62 [Diagrama XI]

Percebemos assim as diversas camadas da psique como:
I = Nação isolada
II e III = Grupo nacional (ex.: América Latina)
A = Indivíduo.
B = Família.
C = Tribo.
D = Nação.
E = Grupo de povo (Indivíduo latino-americano, p. ex.).
F = Antepassados primitivos humanos.
G = Antepassados animais.
H = Força central.

Nessa que foi uma das importantes articulações de Jung entre o inconsciente pessoal e o inconsciente coletivo vemos as camadas de cultura e nação bem diferenciadas e associadas ao inconsciente coletivo da humanidade. Jung voltaria pouco a esse tema entre relações entre inconsciente da cultura e inconsciente coletivo da humanidade como um todo. Um dos poucos escritos em foco nessas relações foi no texto *Wotan* (1936), no qual lança mão do deus teutônico Wotan ou Odin, o deus das tempestades, do vento, da profecia e dos campos de batalha, para descrever os rápidos movimentos políticos sociais na Alemanha de então com a ascensão do nacional-socialismo ao poder há apenas três anos antes, em 1933.

Diversos teóricos junguianos procuraram aprofundar as relações entre identidade individual e cultura. Joseph Henderson desenvolveu o conceito de *inconsciente cultural*, i.e., a camada do inconsciente coletivo pertencente a um povo, país ou cultura determinados. Esta é uma das referências teóricas importantes que procura dar conta do desafio da identidade cultural. Vannoy-Adams fala de *estereótipos* e *imagens estereotípicas* da cultura, isto é, valores e referencias que orientam o comportamento em determinado grupo social. E finalmente Kimbles e Singer desenvolveram o conceito de *complexo cultural*, importante articulação teórica para se compreender a estrutura social das culturas e a sua história. A noção de complexo cultural é uma expansão do conceito original de Jung de complexo afetivo, um núcleo de representações na psique do indivíduo cimentada por emoção, para conceituar núcleos de conflito na psique social dos povos e grupos sociais, geralmente fruto de traumas em sua história e conflitos identitários. O presente trabalho abordará alguns complexos culturais no Brasil, entre eles um complexo de inferioridade típico descrito por diversos autores nacionais e estrangeiros, a carência de heróis e o trauma da escravidão. As diversas referências teóricas citadas já demonstram uma preocupação com a aplicação da psicologia do inconsciente aos estudos sociais. Essa aplicação a uma cultura multirracial e complexa como a nossa é da maior importância.

Identidade brasileira, história e memória

Para irmos de encontro à identidade cultural de nosso país, sua história e sua memória são fundamentais. Não será por acaso o aparecimento recente de diversos livros, alguns *best-sellers*, sobre a história do Brasil sob diversos ângulos, não faltando mesmo o livro com o título curioso de *O livro politicamente incorreto da história do Brasil*. Também o cinema brasileiro, com sua recente expansão comercial, contribuiu para esse resgate de memória necessário. A intensidade de informação, a proximidade íntima com outras culturas, suas imagens, questões e possibilidades são expostas pelos meios de comunicação a todo instante, talvez provocando o movimento de reflexão sobre nossa própria identidade. E com isso vem à tona um fato inquestionável: há um desconhecimento quase total de nossa história, *somos um povo sem memória*, sem referências; portanto, *em crise de identidade*, poderíamos dizer. Isso nos leva a uma busca quase obsessiva de referenciais fora de nossa própria história. É notório o valor exagerado atribuído a raízes familiares europeias e a pesquisa dessas raízes como identidade pessoal.

Esse processo revela um complexo cultural importante de nossa identidade que Nelson Rodrigues definiu de sua maneira muito particular como o *complexo de vira-latas* do brasileiro. A analista junguiana Denise Ramos, escrevendo sobre a corrupção como complexo cultural no Brasil, explora também a marca do sentimento de inferioridade do povo brasileiro. Tudo o que é do chamado Primeiro Mundo é muito superior... Preso a essa perspectiva, o brasileiro tende a não olhar para seu próprio potencial criativo. Esse marcante complexo de inferioridade é visto também por observadores de fora, como o brasilianista norte-americano Thomas Skidmore, antigo estudioso da alma brasileira:

> O Brasil praticamente perdeu sua identidade [...] brasileiros pensam que só os estrangeiros têm a solução. O Brasil tem muitos recursos [...] a autoestima deveria ser recuperada. Passei quarenta anos estudando o Brasil, principalmente essa questão de otimismo e pessimismo [...] esse hábito de dizer que o Brasil é uma perda de tempo (SKIDMORE, apud RAMOS, 2004, p. 107).

Como buscar a identidade brasileira em suas origens? O dado básico de nossa identidade é a geografia, a natureza tropical. *Alma e terra*, título poético de um dos livros de Jung, são os elementos essenciais para pensarmos a identidade brasileira. Nessa obra Jung cita uma crença dos aborígenes australianos de que o colonizador não consegue na verdade se apropriar da terra conquistada, pois nela vivem espíritos ancestrais que reencarnariam nos recém-nascidos. Para Jung há uma grande verdade psicológica nisso: "a terra estranha assimila o conquistador" (JUNG, 1927, § 103). No caso do nosso país, a natureza luxuriante, a selva quase interminável, rios e montanhas constituem o fator elementar que atua como catalisador de diversas projeções arquetípicas do navegante que chegava à *terra brasilis*.

Com relação ao grande acontecimento cultural que foi o encontro de dois grandes grupos humanos, o europeu e o das Américas, tem-se em geral uma perspectiva bastante etnocêntrica desse encontro. Mesmo nas culturas mais diferenciadas como os astecas no México e os incas no Peru, há uma leitura de que o índio percebe o europeu de uma forma mitologizada, como o reconhecimento de Hernán Cortez como deus asteca Quetzalcoatl, a *Serpente Emplumada*. Mas a maioria dos historiadores não menciona o fato de que também a visão da

América pelo europeu foi permeada de projeções mitológicas. Fantasias arquetípicas milenaristas dominavam a Europa ao final dos quatrocentos. Essas fantasias, entre elas a de que novos mundos poderiam ser descobertos naquele período de tempo de renovação, alimentou o projeto dos descobrimentos. Mitos diversos foram projetados pelos europeus nas terras novas a serem conquistadas, a imagem mítica do Eldorado, as misteriosas Amazonas, as descrições fabulosas das terras do Preste João são apenas alguns desses mitos. Portanto, o processo de projeção mitológica ocorreu de ambos os lados. Essa é uma tendência natural da psique, o desconhecido irá atrair sempre a projeção mitológica em situações propícias. Proponho, portanto, que abandonemos a perspectiva etnocêntrica de que só os ameríndios teriam seus deuses e sua mitologização e o colonizador uma perspectiva concreta e objetiva.

A grande *mélange* cultural que iria constituir a cultura brasileira estava tendo início e continua até hoje como um projeto inacabado. A escravização do índio no processo colonial durou apenas no primeiro século, sendo substituída pela mão de obra africana já a partir do século XVI. Esse primeiro encontro de duas culturas, a europeia e a americana, aconteceu com grandes custos, sacrifícios, guerras e mortes. O mecanismo de transmissão de doenças era totalmente desconhecido; naturalmente não se tinha noção do vírus e bactérias. Louis Pasteur só viria a fazer suas descobertas no século XIX. A explicação pela transmissão das doenças era atribuída *aos ventos malignos*. Desde a Antiguidade os ventos foram sempre personificados e associados a espíritos que influiriam nas pessoas e seus destinos. Na Grécia Antiga o vento *Bóros* era o responsável pela fertilidade, os *Hiperboreanos*, os imortais, habitariam a região dos *Hiperboros*. Essa atribuição mágica aos ventos permanece até hoje mesmo na Europa: na Suíça o vento quente que sopra do sul, da região do Ticino, o *Föhn*, é tido como responsável por todas as doenças e mal-estares súbitos. A palavra *malária* advém precisamente de *males-ares, ares ruins*, pois a doença era tida como produzida por ventos ruins. É conhecida a estória dos navegadores portugueses comandados por Martim Afonso de Sousa, fundeados perto da Ilha Queimada Grande, no litoral de São Paulo. Tendo um vento quente soprado a partir da ilha, os marinheiros atearam fogo a toda a ilha para se protegerem dos ventos malignos que advinham dela e poderiam contaminá-los com doenças mortais (NARLOCH, 2013). Nesses inícios da colonização do Novo Mundo havia apenas uma vaga noção de que as doenças venéreas pudessem ser transmitidas pelo contato sexual. Isso favoreceu que diversas doenças venéreas fossem levadas para a Europa e tornassem verdadeiras pragas nas cortes dos reis. Assim como a Europa contaminou os primeiros habitantes das Américas com epidemias mortais de gripe, dizimando grupos inteiros de indígenas, também doenças de origem americana foram transportadas ao velho continente pelos primeiros navegadores. Parece que esse foi um preço a pagar pelo reencontro desses dois grandes grupos humanos (NARLOCH, 2013).

A busca das origens da identidade: três mitos de origem

O estudioso de psicologia brasileira e diplomata José Oswaldo de Meira Penna, citando os trabalhos de Sérgio Buarque de Holanda, organiza os mitos de origem brasileira como três principais: o Mito do Paraíso Terrestre, o Mito do Inferno Verde e o Mito do Eldorado (MEIRA PENNA, 1974). Trataremos de cada um destes mitos. O homem medieval herdou da Antiguidade Clássica a crença homérica na Idade de Ouro original, uma idade de perfeição perdida, uma nostalgia dessas origens perdidas a serem resgatadas. A mentalidade medieval expressou esse sentimento nostálgico de retorno às origens uterinas dos começos. Com o poderoso movimento extrovertido do Renascimento esse movimento de retorno ao passado foi projetado para o futuro e tornado concreto, i.e., as terras do Extremo Ocidente a serem descobertas passaram a ser a representação no aqui e agora do paraíso terrestre ideal. O Mito do Paraíso, antes no passado ideal da Idade de Ouro, passa a ser projetado no futuro e é literalizado. Sérgio Buarque de Holanda em sua obra *Visão do paraíso* trabalhou as fantasias mitológicas que antecederam a descoberta do Brasil pelos navegantes portugueses. A ideia do paraíso terrestre dominou essas fantasias. Entre as lendas de um paraíso terrestre nas terras do Extremo Ocidente, uma chama particularmente a atenção: a lenda irlandesa do *Hy Brasil* ou *Bresail*, ilha paradisíaca de bem-aventurança que existiria nos confins do Ocidente. Essa lenda mitológica anterior à descoberta levanta dúvidas severas sobre a origem do nome do nosso país.

Sérgio Buarque de Holanda menciona os próprios relatos de Cristóvão Colombo aos reis católicos como permeados da visão do paraíso. O navegante menciona que pretende explorar as terras paradisíacas ao norte do Rio Amazonas como uma parte do paraíso terrestre. Para tal, requisita aos reis de Espanha três naus perfeitamente equipadas. Também Américo Vespúcio fala da inocência das índias nuas e das formas perfeitas dos índios como algo do domínio do paraíso terrenal.

A fantasia do paraíso terrestre domina o inconsciente cultural brasileiro e consvela a poderosa imagem do arquétipo Grande Mãe, a Senhora das Origens, que Pero Vaz de Caminha já descrevia em sua tão citada carta do descobrimento: "em se querendo aproveitá-la, tudo se dá". A Grande Mãe, senhora do prazer e das origens, teria na economia nacional um equivalente: o eterno país produtor de matérias-primas, as *commodities*... frutos da terra, para outras nações que possam desenvolver produtos manufaturados... A Grande Mãe consteia no caráter nacional a figura do menino dependente, aquele que não quer crescer, que se torna dependente das benesses da Grande Mãe-Estado protetor, com nomeações por apadrinhamento e não por merecimento. Essa é uma das sombras importantes da alma brasileira, o arquétipo do *puer aeternus*, eternamente dependente de sua Grande Mãe-Estado protetor.

Nossos descobridores, ao adentrar o país na colonização, jamais o teriam conseguido sem o auxílio dos índios aliados, tais eram os perigos do *inferno verde*, nosso segundo mito de origem listado por Meira Penna. A densidade da floresta, seus animais peçonhentos, seus índios inimigos constituíam um obstáculo quase intransponível. Essa densidade verde impenetrável teve sempre um caráter mítico. Nosso folclore e lendas tanto de origem indígena como fruto de mesclagem de imagens africanas iria mostrar um dos símbolos universais mais marcantes da mãe devoradora em todos os tempos: *a serpente*. Ela irá aparecer sob a forma da *Boiúna*, nome indígena que quer dizer "a cobra grande", um dos mitos mais significativos da região amazônica. O maior de nossos folcloristas, Câmara Cascudo, diz da Boiúna que ela, ao contrário de mitos serpentários de origem africana, não gera cultos, não tem também a natureza sedutora sexual daqueles mitos: sua razão, como origem da noite no princípio dos tempos, é apenas destruir, ameaçar pessoas e as devorar, reduzindo-as ao nada. Seus olhos, enquanto nada à superfície da água, são como dois archotes iluminando a noite. Produz enquanto se move um ruído aterrador.

Meira Penna cita outro sonho poderoso como único capaz de superar a letargia da busca do seio da Grande Mãe nas praias e a evitação do inferno verde e seus perigos: a busca do ouro e diamantes. Segundo a antiga lenda de origem indígena disseminada por toda a América Latina, com diversas versões de acordo com o país, haveria antiga nação cuja capital com muitos palácios, alguns erigidos com pedras cravejadas de gemas, outros possuíam tetos de ouro... ali reinava um homem que se chamava *El Dorado*, porque possuía um corpo com reflexos de ouro, como se fora um céu salpicado de estrelas. O país mítico do Eldorado foi procurado por espanhóis e ingleses inúmeras vezes em diversos países da América do Sul: na Venezuela, na Colômbia, no Peru, na região das Guianas e no estado brasileiro de Roraima. O Mito do Eldorado tem um forte elemento alquímico. Mas enquanto o ouro filosófico do alquimista medieval era buscado em suas retortas em seu laboratório, sendo muitas vezes um ouro simbólico, o ouro do Eldorado tem a mesma concretude e imediatez dos outros mitos de fundação no Novo Mundo: ele deve ser achado no aqui e agora, para enriquecimento imediato e conforto material. *Aurum nostrum non est aurum vulgi*, dizia o antigo ditado alquimista. Essa afirmação certamente não se aplicaria ao ouro do Eldorado, local do ouro material concreto, agente causador da ambição e morte de muitos.

A busca de ouro e de esmeraldas foi o motor do fenômeno importante na construção da identidade brasileira, *as Bandeiras*. Sérgio Buarque de Holanda considerou as Bandeiras uma das raízes importantes da identidade brasileira (BUARQUE DE HOLANDA, 1995, p. 101). Surge um personagem novo, *o Ban-*

deirante, tipo ambicioso e intrépido, cujas expedições darão ao Brasil seu contorno atual, pois irão mesmo ultrapassar as linhas do Tratado de Tordesilhas. As expedições de Fernão Dias Paes Leme, Raposo Tavares e outros não teriam sucesso em superar as incríveis dificuldades do território inexplorado do interior brasileiro não fosse a ajuda dos índios aliados. Os relatos históricos falam de Bandeiras com um número bem maior de índios do que de brancos. Além disso, o elemento índio estava presente no próprio bandeirante: sua tenacidade e resistência revelam o componente indígena em seu próprio sangue, o elemento de mestiçagem tão manifesto em nossa constituição e tão típico da identidade brasileira desde suas origens.

Mestiçagem e identidade

Darcy Ribeiro se alongou no papel formador dos mestiços na identidade brasileira (RIBEIRO, 1995, p. 106-111). O *mameluco*, gerado pela união do português com o índio, tinha incrível resistência física. Percorria enormes distâncias e ajudava nas Bandeiras ao contínuo processo civilizatório. A palavra mameluco é de origem árabe e designa os escravos tomados pelos senhores árabes de grupos vencidos. Eram escravos tomados de seus pais pelos conquistadores e preparados para liderar e controlar outros escravos. O termo foi aplicado aos brasilíndios mestiços pelos jesuítas, horrorizados com a selvageria primitiva desses homens capazes de escravizar e capturar sua própria gente. O mameluco é um exemplo clássico do primeiro estágio de miscigenação no Brasil, o branco com o índio.

Em um segundo momento o elemento africano passará a ser integrado ao caráter nacional pelos inícios do tráfego negreiro ainda nos inícios do século XVII, só vindo a terminar em 1895, tendo sido o Brasil o último país no hemisfério ocidental a eliminar a escravidão! Isso faz da escravidão um tremendo complexo cultural para a identidade brasileira. Como lembra Darcy Ribeiro:

> Nenhum povo que passasse por isso [o período da escravidão] como sua rotina de vida através de séculos sairia dela sem ficar marcado indelevelmente. Todos nós brasileiros somos carne da carne daqueles pretos e índios supliciados. Todos nós brasileiros somos, por igual, a mão possessa que os supliciou. A doçura mais terna e a crueldade mais atroz aqui se conjugaram para fazer de nós a gente sentida e sofrida que somos e a gente insensível e brutal que também somos (RIBEIRO, 1995, p. 120).

O que Darcy Ribeiro afirma de um ponto de vista antropológico é também uma constatação importante do ponto de vista psicológico. O que está sendo descrito aqui é um importante complexo cultural da psique brasileira, as sequelas de um período de escravidão de mais de três séculos. As imagens do feitor sádico e do escravo sofredor podem ser vistas como um importante estereótipo cultural brasileiro presente em nossa psique coletiva, um dos principais responsáveis pelo nosso sistema de classes sociais extremamente estratificados.

Pari passu ao enorme sofrimento e ao processo de exploração do trabalho escravo, o contínuo fluxo de africanos durante todo esse tempo veio a produzir uma intensíssima influência cultural. Deuses, comidas, costumes variados, linguagem constituem a riquíssima contribuição africana para a psique coletiva nacional. Desde sua origem, o Brasil se constituiu um país mestiço por natureza. O predomínio de mestiços e negros na população em geral nos inícios do século XIX era bastante grande. Sob um manto aparente de assimilação de diferenças e uma liberdade e convivência aparentemente integradas dos mais diversos grupos, desenvolvia-se na cultura brasileira, desde seus inícios um disfarçado racismo que denomino aqui *racismo cordial*.

Tomo emprestado esse termo de uma muito bem-elaborada pesquisa do jornal *Folha de S. Paulo* (1989) com o mesmo nome que procurou demonstrar a presença de racismo na sociedade brasileira. Mesmo o grande Gilberto Freyre pode se enganar, e ele se enganou quando afirmou que convivíamos no Brasil com uma *democracia racial*. O que hoje se sabe é que o racismo brasileiro existe, embora diferente do racismo anglo-saxão típico; sendo um racismo intimamente ligado às classes sociais.

A denominação que estou empregando de *racismo cordial* remete às noções de cordialidade definidas por Sérgio Buarque de Holanda. De acordo com o autor de *Raízes do Brasil*:

> Já se disse, numa expressão feliz, que a contribuição brasileira para a civilização será a cordialidade – daremos ao mundo o "homem cordial". A lhaneza do trato, a hospitalidade, a generosidade, virtudes tão gabadas por estrangeiros que nos visitam, representam, com efeito, um traço definitivo do caráter do brasileiro [...]. Seria um engano supor que essas virtudes possam significar "boas maneiras", "civilidade". São antes de tudo expressões legítimas de um fundo emotivo extremamente rico e transbordante (BUARQUE DE HOLANDA, 1936/1999, p. 146ss.).

Sérgio Buarque de Holanda diz mais adiante que a atitude de polidez consiste exatamente em uma tentativa de disfarçar as manifestações que seriam realmente espontâneas no homem cordial. A espontaneidade aqui é convertida em uma fórmula. A polidez torna-se uma defesa perante a sociedade, equivale a um disfarce que permite à pessoa manter suas sensibilidades e emoções intactas (BUARQUE DE HOLANDA, 1936/1999, p. 147).

Essa descrição de Sérgio Buarque de Holanda do homem cordial contida em seu livro de 1936 é de grande preciosidade psicológica. Em um texto de sociologia e história do Brasil, Holanda nos dá uma descrição vívida do arquétipo da *persona* do brasileiro funcionando como sistema de defesa, um verdadeiro estereótipo cultural. Agora podemos entender melhor a expressão *racismo cordial*. Conhecendo as implicações e contrastes que Holanda implicava com a palavra cordial, nós podemos ter uma ideia melhor de que a cordialidade pode ser um disfarce para violência, rejeição, ódio, atitude superior, e principalmente uma falta de abertura para igualdades em oportunidades para melhores salários e melhor educação em universidades para negros, mestiços e índios.

Todas essas questões de aparente integração e velada exclusão tomaram lugar na história do Brasil desde a abolição da escravatura. O meio milhão de escravos libertos em 1888 entrou em um complexo sistema multirracial no qual o arquétipo da *persona* adquiriu uma feição particular que eu vou chamar aqui de *persona racial*. Essa *persona racial* se tornou de grande importância para a colocação social do indivíduo. Devemos lembrar que o Brasil, desde o princípio, não era uma sociedade birracial como os Estados Unidos ou África do Sul. Desde os inícios a colonização se deu por intensa mestiçagem, a princípio do português com o elemento indígena, e depois com o africano. A grande maioria da população sempre teve sangue índio ou africano. Do ponto de vista do fenótipo, a sociedade multirracial permitiu todos os graus de cor entre o branco europeu e o negro africano, e ainda, posteriormente, com a contribuição asiática. A cor da pele, a textura do cabelo e outras características, isto é, a *persona racial*, iria ajudar em grande medida os esforços do indivíduo em sua ascensão na escala social. Os mestiços apresentam nesse particular uma grande mobilidade na escala social devido a sua *persona racial*. E um fenômeno surpreendente acontece com essa mudança de classe social: a própria *percepção da cor da pele* muda com a mudança de *status* social, é como se à medida que a pessoa ascendesse na escala social, sua pele, como que por milagre, clareasse. Ainda lembrando Thomas Skidmore, esse perspicaz estudioso do Brasil que cita um ditado cínico popular no Brasil: "o dinheiro clareia..." Um exemplo nítido dessa mistura de classe social e cor da pele é um exemplo clássico relatado por Darcy Ribeiro (1995, p. 225), mostrando que essa atitude remonta a tempos coloniais: Henry Koster, um viajante inglês no Brasil do século XIX, ficou surpreso ao ver um mestiço vestido com o uniforme de capitão-mor, algo bastante incomum. A ele foi dada a seguinte explicação: "Sim, ele era um mestiço, agora como capitão-mor ele só pode ser branco".

O preconceito de cor peculiar existente no Brasil incluiu no passado a poderosa fantasia conhecida como o *branqueamento da raça*. Segundo Thomas Skidmore (1974/1989), a facilitação de imigração branca da Europa em finais do século XIX não foi apenas uma decisão de base econômica. A elite intelectual brasileira teve uma grande influência de ideias racistas europeias da época e desejava um verdadeiro branqueamento da raça. A tese do branqueamento mantinha que, através de repetidas miscigenações, os genes brancos, sendo mais fortes, predominariam sobre os genes africanos ou indígenas, chegando por fim a produzir uma geração de brancos depois de várias gerações mestiças. O incrível de semelhante teoria é de que, por ela, o Brasil adquiriria uma pureza étnica através da miscigenação, isto é, trata-se de uma teoria racista pela miscigenação, não pela exclusão! Essa teoria foi peculiar ao Brasil e nunca apareceu em nenhum outro lugar. O primeiro etnólogo a defender a teoria do *branqueamento da raça* foi João Batista de Lacerda, durante o 1º Congresso Universal de Raças em Londres, em 1911 (cf. SKIDMORE, 1989, p. 81ss.).

A ideia *alquímica* do branqueamento da raça foi combatida por outro movimento que começou no Brasil nos anos 1930: o Movimento da *Antropologia Cultural* e do *Sincretismo Cultural* liderados por Gilberto Freyre e outros. Freyre criticou fortemente a teoria do Branqueamento da Raça, defendendo que o ambiente e a cultura eram os agentes principais da formação da identidade do país, sendo a raça um fator etiológico de menos importância. De 1933 em diante, com a ascensão do nazi-fascismo na Europa e sua ênfase fanática do fator racial, a abordagem de Freyre demonstrou ser a mais apropriada. As antigas ideias sobre a raça desapareceram no Brasil, teorias de racismo científico se tornaram um anacronismo também na América do Sul. Mas a ideia da inferioridade de grupos étnicos não brancos permaneceram: a ideia de que negros e índios só podem chegar à realização social pelos esportes ou música, não através de profissões acadêmicas. Felizmente essas ideias ainda permanecem entre poucas pessoas.

A emergência de mitos na busca de identidade

Uma vista d'olhos por toda a história do Brasil, desde sua descoberta, deixa claro que os períodos anteriores à colonização, à miscigenação, ao grande trauma da escravidão, ao branqueamento da raça, deixaram suas marcas no inconsciente cultural brasileiro e poderosas imagens em nossas tradições, influenciando nosso psiquismo e nosso comportamento. Entre as marcas deixadas pelo nosso processo histórico em nosso caráter há o marcado sentimento de inferioridade, a busca obsessiva de valores na Europa ou América do Norte (RAMOS, 2010).

A carência de uma identidade cultural reflete a falta de modelos exemplares e figuras de referência na história brasileira. O Mito do Herói é referência fundamental para a organização da consciência individual e coletiva. Se o Mito do Herói está presente na organização da psique infantil, ele é também referência básica para a identidade cultural de todo o povo. E na cultura brasileira podemos notar uma ausência grande de modelos exemplares que sirvam para a organização da consciência coletiva. Com exceção dos esportes e da música, há um vácuo de modelos de referência. Talvez por isso as recentes experiências da Copa do Mundo de Futebol sediada por nosso país tenham sido tão dolorosas para a consciência coletiva: um importante modelo de heroísmo e sucesso foi colocado por terra de forma absolutamente inesperada e nunca imaginada.

Voltando um pouco para trás, quero fazer referência a uma das mais importantes figuras de herói da história brasileira que emergiu na época do Brasil colônia, na antiga Vila Rica, então capital do reino. Refiro-me ao famoso escultor, referência de genialidade e superação, Antonio Francisco Lisboa, chamado *O Aleijadinho*. As obras a ele atribuídas, bem como sua própria vida, foram sempre foco de controvérsia. Recentemente a filósofa e historiadora Guiomar de Grammont publicou pesquisa sobre a controvertida vida de Aleijadinho, reforçando a tese já defendida anteriormente de ser a vida de Antonio Francisco Lisboa, o Aleijadinho, produto de um mito. Na verdade, Grammont foi além de seus antecessores, mostrando vínculos entre o mito de Aleijadinho e figuras típicas de romances históricos. A figura do monstro repulsivo, digno de pena, mas que também busca redenção e é criativo, aparece já em contos de fada, tipo "A Bela e a Fera", no qual a Fera deve ser resgatada e possui tesouros em um castelo mágico. Outra aparição desse mesmo modelo é na novela escrita em 1818 pela inglesa Mary Shelley, *Frankstein, ou o moderno Prometeu*. O romance descreve a criação de uma criatura monstruosa artificial pelo jovem médico Viktor Frankstein. Questões éticas e de consciência moral são conflitos importantes da criatura monstruosa que trafega nos limites homem/máquina e elabora as questões da beleza derivada da monstruosidade. O terceiro exemplo de proximidade de monstruosidade e beleza lembrado por Grammont é a marcante figura de Quasímodo, o corcunda guardião dos sinos de Notre Dame no romance de Victor Hugo, *Notre-Dame de Paris*. O corcunda, feio, recluso, deformado, é tomado também de genuíno amor pela cigana Esmeralda.

Esses modelos que emergem espontaneamente na produção literária obedecem a genuínos padrões arquetípicos. Mesmo se recuarmos à Grécia Clássica iremos encontrar o padrão de associação da deformidade física e beleza na figura do deus Hefesto, o deus-coxo, o artesão, o deus da *techne* ou do *agir como a natureza age*. A monstruosidade de Hefesto adveio de seus pais Zeus e Hera o terem lançado do Olimpo ao oceano; de sua queda tornou-se coxo. Poderíamos defender que a comovente lenda do Aleijadinho tem raízes em uma figura arquetípica grega? Onde está a fronteira entre o Antonio Francisco Lisboa histórico e o Aleijadinho mítico que povoou as ruelas de Vila Rica, Mariana, São João del Rei e outras cidades do ciclo do ouro em Minas Gerais?

Houve ao tempo da corrida do ouro, em Minas Gerais, a lenda de um artesão e escultor entre os diversos que trabalharam na decoração das igrejas barrocas e no serviço para as irmandades religiosas que se destacara pela deformidade física. Seu nome era Antonio Francisco Lisboa e teria uma das mãos paralisada por uma doença não claramente determinada. Em 1858 o jurista e diretor de ensino em Ouro Preto Rodrigo Ferreira Bretas interessou-se pela figura envolvida em mistério e resolveu escrever uma biografia. De dados concretos muito pouco encontrou, a não ser o nome Antonio Francisco Lisboa associado a um artesão barroco entre os diversos que trabalharam decorando as igrejas mineiras que teria vivido quase cinquenta anos antes. As referências à sua doença física eram vagas e não documentadas. Entretanto, Bretas foi adiante e escreveu uma biografia rica em detalhes. O escultor teria sofrido de doença grave e deformante, provavelmente tuberculose ou lepra, que deformaram suas mãos, deixando-o com aspecto repulsivo. Apesar de tudo, o artista, num incrível esforço de superação e criatividade, conseguia produzir esculturas de notável beleza e sensibilidade. Bretas descreveu as terríveis deformidades que a doença infligiu a Antonio Lisboa. Deu-lhe ainda o nome de *Aleijadinho*, apelido não encontrável em nenhuma fonte histórica.

Como detectou Grammont, as semelhanças da fascinante figura do Aleijadinho com personagens do Romantismo, como Quasímodo e suas deformações físicas são muito grandes. O deus coxo Hefesto guarda semelhanças muito grandes com o Aleijadinho. Podemos afirmar com segurança que estamos diante de um personagem mítico do inconsciente cultural brasileiro, uma lenda mitológica que emerge a partir do inconsciente cultural. Isso porque a cultura necessita da imagem, da referência. É curioso que a lenda é produzida a partir do esforço consciente de um jurista cinquenta anos depois da vida real de Antonio Lisboa. A partir de rumores e boatos de uma doença física desse artesão, Bretas cria uma figura mitológica que terá forte presença nos livros de história do Brasil e nos bancos escolares. Como todo mito, a lenda de Aleijadinho tem raízes arquetípicas e curiosas semelhanças com o deus artesão Hefesto e figuras da literatura romântica. Como autêntico herói-criador genuinamente nacional, o Aleijadinho deveria ser também um mestiço. É construída para ele uma genealogia mítica. Ele seria filho do arquiteto português Manoel Lisboa com uma lavadeira negra natural de Açores. Essa origem mestiça iria impressionar alguns artistas do movimento de arte moderna de 1922, que irão elevar o Aleijadinho à condição de gênio, representante da criatividade genuinamente nacional.

Quais das obras atribuídas ao Aleijadinho são verdadeiramente dele? Hoje sabemos que muitas provêm do atelier de Antonio Francisco Lisboa, sendo de autoria de outros mestres. A maioria delas também é de qualidade bastante duvidosa. Mas será que a existência histórica do Aleijadinho é realmente importante? Não serão os demais heróis sempre em certa medida fabricados, um produto de nossas próprias carências psicológicas individuais e coletivas? Como afirmou Jung certa vez, em uma das suas colocações mais importantes: "a psique cria realidades todos os dias".

Referências

BUARQUE DE HOLANDA, S. *Raízes do Brasil* (1936). [s.l.]: [s.e.], 1989.

COSTA E SILVA, A. *Um rio chamado Atlântico* - A África no Brasil e o Brasil na África. Rio de Janeiro: Nova Fronteira, 2003.

FOLHA DE S. PAULO / DATAFOLHA. *Racismo cordial*. 2. ed. São Paulo: Ática, 1998.

GRAMMONT, G. *Aleijadinho e o aeroplano*. São Paulo: Civilização Brasileira, 2004.

JUNG, C.G. (1936/1993) "Wotan". *Aspectos do drama contemporâneo*. Petrópolis: Vozes, 1993 [OC, vol. 10/2].

_____. "Alma e terra". Civilização em transição (1927). Petrópolis: Vozes, 1993 [OC, vol. 10/3].

_____. C.G. *Analytical Psychology* – Notes on Seminar given in 1925. Amazon: Kindle e-books, 1989.

MEIRA PENNA, J.O. *Em berço esplêndido* – Ensaios de psicologia coletiva brasileira. Rio de Janeiro: José Olímpio, 1974.

NARLOCH, L. *O livro politicamente incorreto da história do Brasil*. Amazon: Kindle e-Books, 2013.

RAMOS, D. "Corruption: a cultural complex in Brazil?" In: SINGER, T. & KIMBLES, S. (orgs.). *The Cultural Complex*. Nova York: Brunner-Routledge, 2004.

RIBEIRO, D. *O povo brasileiro*. São Paulo: Companhia das Letras, 1995.

SKIDMORE, T. *Preto no Branco*. 2. ed. Rio de Janeiro: Paz e Terra, 1989.

4 De Sodoma à Samaria

Cristianismo, homofobia e alteridade no Brasil

*Cristiana de Assis Serra**

> Um colóquio verdadeiro só se torna
> possível quando o eu reconhece a
> existência de um interlocutor.
>
> C.G. Jung

1 Introdução

Na virada do século XX para o XXI desenvolveram-se nas sociedades ocidentais duas tendências, a princípio paradoxais, nas esferas jurídica e religiosa. Na primeira, ampliou-se o debate internacional acerca das múltiplas expressões da sexualidade humana, especialmente em termos do asseguramento dos direitos humanos e civis de homossexuais e transgêneros (elencados sob a sigla LGBT, referente a transgêneros, lésbicas, bissexuais e *gays*). Com isso, direitos historicamente resguardados pela elite identificada com a "heteronormativida-

---

* É psicóloga e psicoterapeuta em Análise Psico-Orgânica pelo Cebrafapo/Efapo e candidata a analista junguiana pelo Instituto Junguiano do Rio de Janeiro. Tem especialização em Psicoterapia Junguiana e Imaginário pela PUC-Rio, e em Neurociências Aplicadas ao Envelhecimento pelo Ipub/UFRJ.

de" (isto é, o conjunto de práticas sociais, políticas ou crenças que estabelecem a heterossexualidade como única orientação sexual "normal" e utilizam o sexo biológico, a identidade e os papéis sociais de gênero como categorias capazes de enquadrar a todos em roteiros integralmente masculinos ou femininos) vêm sendo estendidos aos assim chamados LGBT, enquanto se tem aprofundado o debate público acerca da existência de outras formas de ser e se relacionar. Longe, porém, de mostrar-se unívoco e livre de tensões, esse movimento apresenta como contrapartida uma reação no sentido de perpetuar o alijamento desses sujeitos e seus afetos.

No âmbito religioso, o fundamentalismo cristão – surgido no protestantismo em reação ao modernismo teológico e cultural da virada do século XX e caracterizado pela exigência de uma adesão estrita a doutrinas ortodoxas – veio desdobrar-se no florescimento de movimentos tradicionalistas que ultrapassam confissões ou denominações específicas e se dedicam ao ativismo religioso na esfera pública, valendo-se do espaço legislativo para impor suas normas à sociedade como um todo. Assim, a despeito do empenho de diversos segmentos em desenvolver discursos religiosos contra-hegemônicos, observa-se uma acentuada correlação "entre o grau de engajamento religioso e uma visão tradicionalista da hierarquia de gêneros e da sexualidade humana" (MACHADO & PICCOLO, p. 15).

No Brasil vem se intensificando o embate entre ativistas religiosos e militantes LGBT em torno da regulação jurídica dos direitos dessa população, da criminalização das formas de discriminação e violência por ela sofridas e da realização de campanhas educativas acerca da diversidade sexual. A crescente animosidade entre os dois campos em confronto vem se traduzindo na polarização do conflito, na demonização mútua e na percepção do grupo antagonista como monolítico, homogeneizando diferenças e posicionamentos individuais e doutrinários.

Dos dois lados, a violência física e simbólica perpassa toda a polêmica e os combates em torno da sexualidade. Os acusadores criam as vítimas do outro lado e as executam, e estas, por sua vez, fazem o mesmo. Como superar tal violência e possibilitar um lugar de encontro, em vez de rivalidade? Que contribuição pode dar a psicologia analítica no sentido do entendimento e, eventualmente, de uma restauração da criatividade que permita transcender o impasse? Na busca de pistas, proponho um diálogo entre Jung e algumas vozes da teologia cristã contemporânea, mediado pela filosofia de Emmanuel Lévinas, crítico ferrenho da egolatria e muito presente nos debates relacionados à problemática da alteridade nas figuras do estrangeiro, do refugiado, do diferente – e que, ademais, seguindo as indicações de Bernardi (2003), possibilita levar a reflexão sobre o processo de individuação de uma leitura ontológica redutora, controlada pela perspectiva do Mesmo, para uma dimensão ética reconhecida no encontro com as imagens no processo de individuação, de crucial importância para o relacionamento entre consciente e inconsciente. Essas imagens apresentam demandas morais à consciência e devem ser encaradas com seriedade; se não respondidas, adverte Bernardi, poderão emergir formações neuróticas.

Supondo, pois, que seja a alteridade que possibilita a criatividade – no sentido da "aproximação dos opostos da qual resulta o aparecimento de um terceiro elemento, que é a função transcendente" (OC, vol. 8/2, § 181) –, partiremos então ao seu encontro pela via da hospitalidade; vamos examinar, do referencial da psicologia analítica, o pressuposto ético de Lévinas de uma subjetividade como responsabilidade, e com ele indagaremos: Como enfrentar a violência sem gerar mais violência?

Comecemos por um pouco de história.

2 Homossexuais, homofobia e cristianismo na história e na ética

Se, historicamente, os indivíduos cuja orientação sexual e/ou identidade de gênero os afastavam de maneira mais significativa dos padrões heteronormativos eram (e são) estigmatizados e levados a viver no anonimato ou à margem da sociedade, sua recente visibilização no Ocidente vem sendo acompanhada de uma explicitação da homofobia em vigor. O termo "homofobia" refere-se a uma realidade multifacetada, que vai além dos crimes de ódio (ou seja, violências tipificadas pelo Código Penal e cometidas em função da suposta orientação sexual e/ou identidade de gênero da vítima) e não se reduz à aversão aos homossexuais; de fato, a homofobia se expressa, de maneira mais ampla, na violência simbólica da qualificação arbitrária do Outro como contrário, inferior ou anormal e em sua destituição, em virtude de sua diferença, da sua humanidade, dignidade e personalidade – e se traduz, por exemplo, no discurso "prefiro um filho morto a um filho *gay*" por parte dos pais de LGBT.

No Brasil não há dados oficiais acerca da violência homofóbica em suas várias formas; embora a Secretaria de Direitos Humanos da Presidência da República (SDH/PR) tenha compilado estatísticas a partir de fontes diversas nos anos de 2011 e 2012, tais números são necessariamente incompletos. Em que pese a subnotificação, porém, o *Relatório sobre Violência Homofóbica no Brasil: o ano de 2012* da SDH/PR ainda assim levantou oito denúncias por dia naquele ano; a maior parte das violações foi perpetrada por conhecidos (vizinhos, familiares ou amigos) das vítimas – estas, jovens (15 a 29 anos) em sua maioria. Só os homicídios registrados chegaram, em 2011, a um a cada 33 horas, em geral marcados por extremos de violência: além de armas de fogo, são comuns o uso de armas brancas (desde facas até foices e machados), espancamentos, enforcamentos, degolamentos, tortura, carbonização e estupro. Ademais, entre LGBT os índices de suicídio são alarmantes e o risco de morte voluntária significativamente mais elevado do que na população em geral.

Quando atravessada por elementos religiosos (e aqui nos restringiremos aos cristianismos), a homofobia leva a casos como o do pecuarista do Mato Grosso do Sul que, em agosto de 2013, torturou o filho de 16 anos alegando que este estava "com o demônio no corpo" por ser homossexual. A violência maior, porém, talvez seja de ordem simbólica – como ilustra o relato de um homossexual, de família católica muito engajada, que foi demovido do suicídio:

> [...] me sentia um lixo humano, cheio de nojeira dentro do meu coração. Eram (e são ainda) coisas horríveis, que escuto desde criança. [...] Escutei tanto que, depois de escutar mais uma vez que pessoas com os desejos que possuo são demoníacas, eu achava [...] que esse "demônio aqui" não merecia estar vivo, que seria melhor para todos ele ir embora (Comunicação pessoal).

No âmbito coletivo, as edições recentes da "Marcha para Jesus" – que em 2014 reuniu 600 mil pessoas no Rio de Janeiro e 200 mil em São Paulo, segundo a Polícia Militar – vêm sendo pautadas por temas de ordem moral, sobretudo o embate com os LGBT, com gritos de guerra contra a criminalização da homofobia e a extensão do casamento civil aos homossexuais.

Já a militância LGBT brasileira sofre críticas, por parte de segmentos do próprio público *gay*, quanto a uma "postura demasiado reativa e pouco propositiva [...] [e] um excesso de atenção conferido [...] aos discursos e às práticas homofóbicos do fundamentalismo cristão"; manifesta-se a "preocupação com a possibilidade de que os movimentos se [tornem] reféns do ressentimento em detrimento de projetos libertários e igualitários" (CAMILO, 2012).

Diante dessa situação de guerra declarada, pode-se facilmente tomar por inescapável a incompatibilidade entre cristianismos e diversidade sexual. No entanto, nem sempre foi assim. Em meados dos anos de 1960, nos Estados Unidos, os ativistas do incipiente movimento *gay* com frequência recorriam aos religiosos das mais diversas denominações como aliados de primeira hora, segundo dados da *LGBT Religious Archives Network* (KALEEM, 2014). No Brasil, o padre redentorista Jaime Snoeck publicou em uma revista de teologia, em 1967 (dois anos, portanto, antes dos confrontos no Bar Stonewall, em Nova York, tidos como o momento fundador da luta por direitos LGBT em todo o mundo), um artigo acerca do acolhimento pastoral aos homossexuais, em que salienta: "de qualquer maneira homem algum, comprometido seriamente com a promoção integral e de todos os homens – cristão algum, digno deste nome, pode ignorar ou ficar indiferente perante a sorte do seu próximo homoerótico". E acrescenta, com notável presciência: "isto vale, de modo particular, para o médico e o psicólogo, para o sociólogo e o jurista, para o criminologista e o policial, para o assistente social e o pastor".

Recuando no tempo, cumpre salientar que a homossexualidade, como categoria de descrição e enquadramento da sexualidade num esquema dualista em que se contrapõe à heterossexualidade, é uma criação recente, remontando ao século XIX; e, embora haja registro de relações entre pessoas do mesmo sexo nos mais diversos tempos e culturas, seu tratamento em cada contexto é específico, indo do mais absoluto repúdio à divinização.

Na tradição judaico-cristã, embora as diversas prescrições e proscrições sexuais estabelecidas no Antigo Testamento sejam de caráter ritual, não moral, o cristianismo já em suas origens absorveu do estoicismo, do dualismo helênico e do neoplatonismo uma visão unilateral da sexualidade que lhe atribuiu a procriação como finalidade exclusiva, assim como uma metafísica depreciadora da matéria, que levou à defesa da abstenção de tudo aquilo referente ao comportamento sexual; este se viu, assim, cercado de estigmas negativos e engendrou um mal-estar com relação ao prazer sexual que perdura até hoje.

Em suma, desde a Patrística o critério da condenação do homoerotismo é, fundamentalmente, a frustração da finalidade procriadora – que, aliada à busca indevida do prazer sexual, justifica sua condenação como ato *contra naturam*. Após a Reforma, as outras denominações cristãs não trouxeram considerações muito distintas a respeito; assim, o homoerotismo, classificado como "sodomia", seguiu sendo um "crime horrendo que provocava a ira de Deus a ponto de causar tempestades, terremotos, pestes e fome que destruíam cidades inteiras" (CORRÊA LIMA, 2014).

À medida que o cristianismo foi adquirindo hegemonia e sendo alçado a religião do Estado, procedeu-se à criminalização da sodomia; os tribunais eclesiásticos julgavam os acusados desse delito e entregavam os culpados ao poder civil para sua punição, até mesmo com a morte. Com o advento do Iluminismo e da Modernidade, desencadeou-se uma paulatina descriminalização da sodomia (que, no Brasil, ocorreria em 1823). No século XIX a questão foi trazida do âmbito religioso e moral para o médico, contexto em que o termo substituto "homossexualismo" foi cunhado, em 1869. O que até então era tido como abominação passou a ser considerado doença, abordada mediante a internação de homossexuais em sanatórios e sua submissão aos mais diversos tratamentos, que iam da contenção ao choque elétrico. A progressiva despatologização da homossexualidade, impulsionada pela expansão do movimento *gay*, só se daria a partir dos anos de 1970; sua retirada do rol de doenças da Organização Mundial da Saúde ocorreria apenas na década de 1990.

3 Além do ressentimento

Sodoma e seus habitantes são muito usados pelas tradições judaica e cristã para recriminar o suposto pecado da homossexualidade, a ponto de o termo "sodomia" ter sido usado por séculos para referir-se às relações entre pessoas do mesmo sexo – uma escolha que acaba sendo muito significativa à luz das mudanças sofridas, ao longo do tempo, pela exegese da passagem sobre sua destruição (Gn 19,1-11.24-29). Lemos que os pecados de Sodoma e Gomorra resultaram em sua completa destruição; mas que pecados seriam esses? Os demais textos do Antigo Testamento que se referem aos seus delitos assinalam que seus homens eram muito "maus e pecadores" (Gn 13,13); "fornicadores e mentirosos" (Jr 23,14); caracterizados pelo "orgulho, alimentação excessiva, tranquilidade ociosa e desamparo do pobre e do indigente. Tornaram-se arrogantes e cometeram abominações em minha presença" (Ez 16,49-50); não respeitosos com a lei da hospitalidade (Eclo 16,8). Nas menções dos evangelhos (Mt 10,15; 11,23-24; Lc 17,28-29), não se faz referência à temática homossexual. Apenas dois textos neotestamentários aludem a Sodoma com alguma conotação homossexual: Jd 1,7 e 2Pd 2,6-10 (VIDAL, 2008).

Assim, da passagem em si e dos demais trechos do Antigo Testamento que a ela se referem, pode-se depreender a injustiça e a violação das leis da hospitalidade por parte dos habitantes da cidade, mas não que se tratasse concretamente de uma intenção de violação homossexual (ainda que o estupro fosse, e seja ainda, uma forma contumaz de humilhação imposta por exércitos vencedores aos vencidos), e muito menos que esta justificasse, por si, a total obliteração das duas cidades. A interpretação homossexual de Jd 1,7 e 2Pd 2,6-10 é derivada de apócrifos intertestamentários (Testamento de Benjamin e II Henoch) e dos escritos de Fílon e Flávio Josefo, e foi a partir do contato com o helenismo que esses escritos judaicos interpretaram a passagem de Sodoma pela chave da homossexualidade; em sua origem, contudo, ela não guardava qualquer relação nem com o amor nem com relações sexuais livremente consentidas entre adultos do mesmo sexo. O crescente consenso entre os exegetas nesse sentido vem substituir, assim, um paradigma de condenação e exclusão por outro de alteridade, expresso no imperativo ético da hospitalidade para com o Outro estrangeiro.

Com efeito, a novidade do cristianismo consiste na desvinculação dos valores religiosos do reino da violência, da reivindicação, da vingança, do antagonismo; na preconização da gratuidade e da responsabilidade ética do Eu pelo Outro, em que a existência de um não implica a exclusão, vitimização nem separação do Outro, salienta o teólogo J. Libânio (apud ALISON, p. 22). Daí Jung, escrevendo depois de o mundo assistir, no Holocausto, ao paroxismo da lógica da demonização do Outro, advertir: "adotou-se o cristianismo para escapar da brutalidade e da inconsciência dos antigos. Se o abandonarmos, está à nossa espera a antiga brutalidade, da qual a história de nossa época deu um exemplo dificilmente suplantado" (OC, vol. 5, § 341).

O teólogo James Alison nos fornece indicações significativas para o entendimento da mensagem simbólica do cristianismo e a superação do ressentimento das vítimas da violência normatizadora, em especial os LGBT. Em sua análise da cura do cego de nascença (Jo 9), ele assinala que a ordem estabelecida não só não tem dificuldade com a existência de excluídos como, pelo contrário, depende deles. De um lado, portanto, está o paradigma religioso segundo o qual a Lei cumpre a finalidade de separar seus seguidores (os "bons") daqueles que não a observam (e, portanto, "maus"). O objetivo dos "moralmente justos" é amalgamar sua unidade coletiva, que se dá na exata medida em que o elemento contaminador ("eles", os diferentes, o Outro) é identificado e expulso; é a própria exclusão do impuro que define o grupo dos eleitos ("nós", os iguais, o Mesmo). Como admoesta Jung, entretanto, as identificações com o papel coletivo são pródigas fontes de neuroses: "o homem jamais conseguirá desembaraçar-se de si mesmo, em benefício de uma personalidade artificial. [...] Sua disciplina pública (particularmente exigida dos outros) fraqueja [...]. Quanto à sua moral pública 'sem mácula', tem um aspecto estranho atrás da máscara" (OC, vol. 7/2, § 307). E alerta: "o mau humor é o vício dos virtuosos" (OC, vol. 7/2,

§ 306), uma vez que "o único método educativo consiste na supressão ou repressão das fraquezas, ou a exigência de que se as esconda do público" (OC, vol. 7/2, § 317).

Em contraponto, emerge o paradigma da criação inacabada, que é oportunidade para manifestar-se a criatividade exuberante de Deus e, por isso mesmo, remete ao engajamento ético na abertura radical ao Absolutamente Outro que constitui o impulso humano para a transcendência e se verifica, como propõe Lévinas, só se e quando o Eu relaciona-se com o Outro com generosidade, de tal forma que este não seja mais objetivado, reduzido ou relativizado, mas acolhido em sua alteridade e integridade, e o Eu se torna responsável por ele. Bernardi propõe:

> Se o símbolo é a melhor tentativa de se formular algo desconhecido, o que dele podemos pensar é sempre da ordem de uma aproximação, nunca de um esgotamento. À tradução completa em algo conhecido Jung chamou de signo, que podemos dizer que é a morte do desconhecido, a morte do Outro: sua radical estranheza é reduzida ao meu total conhecimento de seu sentido, dando vazão ao nosso sonho de estabilidade. [...] Cada imagem é uma alteridade radical e absoluta, infinitamente me instigando. Com isso, o Si-mesmo deixa de ser o arquétipo do significado [...] passando a ser o arquétipo da significância [...] um enigma que provoca minha responsabilidade (BERNARDI, 2003).

Ora, no entender de Alison as tendências à inclusão e à exclusão, apesar do aparente paradoxo, não são inconciliáveis; pelo contrário, é a partir do momento da exclusão que tem início a inclusão:

> Deus não tem a menor dificuldade em promover uma completude de criação na pessoa que, de al-

> gum modo, encontra-se incompleta e se reconhece como tal. O problema está com aqueles que pensam estar completos, aqueles que pensam que a criação está, ao menos no caso deles, finalizada. Por essa razão, acreditam que a bondade se encontra na manutenção da ordem estabelecida [...]: a bondade é definida a partir da unidade do grupo, à custa do maligno excluído e por contraste com ele. Os membros moralmente virtuosos do grupo, pensando enxergar, tornaram-se cegos, precisamente ao se agarrarem à ordem que se julgam no dever de defender (ALISON, p. 51-52).

Não se trata, porém, alerta Alison, de identificar-se alternativamente com as vítimas da exclusão e transformá-las no novo grupo dos "moralmente justos", excluindo, por sua vez, seus algozes. É nessa passagem de excluídos a partícipes no engendramento de uma virtude excludente que surge a oportunidade de nos reconhecermos nas duas posições ao mesmo tempo, de assumirmos nossa participação na hipocrisia farisaica que chama de "justiça" a exclusão que promove o holocausto do Outro; só assim poderá se dar a verdadeira inclusão, aquela que se esvazia da pretensão à virtude ao admitir que é excludente e se justifica ao responsabilizar-se pela inclusão do Outro. O processo não transcorre sem dores: "o mundo torna-se ambíguo e ele mesmo torna-se ambíguo. Começa a duvidar do bem e, o que é pior, começa a duvidar de sua própria boa intenção. [...] Em benefício da nossa concepção atual do mundo, é mais agradável acusarmo-nos de fraqueza pessoal do que duvidar da força dos ideais" em que ancoramos nossa *persona* (OC, vol. 7/2, § 310).

A solidariedade baseada no mecanismo de unidade grupal indiferenciada que se organiza em torno da exclusão do diferente é assim abolida em favor da instauração de uma nova fraternidade, em que se ultrapassam os dualismos certo/errado, bem/mal, justo/pecador, incluídos/excluídos e se funda uma ordem ética pela introdução do terceiro, como aponta Lévinas. Jung assinala:

> O alternar-se de argumentos e de afetos forma a função transcendente de opostos. A confrontação entre as posições contrárias gera uma tensão carregada de energia que produz algo de vivo, um terceiro elemento que não é um aborto lógico, consoante o princípio *tertium non datur*, mas um deslocamento a partir da suspensão entre os opostos e que leva a um novo nível de ser, a uma nova situação. A função transcendente aparece como uma das propriedades características dos opostos aproximados. Enquanto estes são mantidos afastados um do outro – evidentemente para se evitar conflitos – eles não funcionam e continuam inertes (OC, vol. 8/2, § 189).

Se a individuação processa suas diferenciações a partir do todo indiferenciado dos valores coletivos (em estado de massa confusa ou inconsciência), aponta Bernardi, ela caminha em direção a um "segundo" todo, fruto do posicionamento do indivíduo diante de tudo que o cerca. Jung destaca que o sujeito em individuação não é um ser isolado, mas pressupõe relacionamentos coletivos cada vez mais amplos e intensos, não um isolamento. Com efeito, a aderência ou submissão cegas à coletividade evitam o caminho da responsabilidade individual. Nas palavras de Jung, citadas por Bernardi: "Quanto mais a vida de um homem é moldada pela norma coletiva, maior é sua imoralidade individual". Entretanto, a mera oposição à norma coletiva seria igualmente um despropósito na medida em que não passaria de outra norma, contrária à primeira. A mensagem simbólica aí implícita, portanto, é aquela sugerida a Nicodemos (Jo 3,1-21): há que superar as tendências incestuosas do Mesmo, como adverte Jung, libertando a libido aí capturada e reconduzindo-a em direção ao Absolutamente Outro; "assim o homem, como ser espiritual, volta a ser criança e a nascer em meio a um círculo de irmãos, mas sua mãe é a 'Comunidade dos Santos', a Igreja, e seu círculo de irmãos é a humanidade, com a qual torna a unir-se no patrimônio comum da verdade simbólica" (OC, vol. 5, § 335).

É por reconhecer a relevância desses símbolos religiosos na transformação da libido que Jung insiste em "levar os indivíduos a pensar de novo simbolicamente, como os pensadores da Igreja Antiga. Isto jamais foi dogmática estéril". Porém, uma vez que "este modo de ver não atinge mais o homem moderno, [...] é preciso encontrar um caminho para que este possa voltar a participar espiritualmente do conteúdo da mensagem cristã" (OC, vol. 5, § 340).

Nesse sentido, a adesão da ortodoxia fundamentalista a uma suposta verdade cristalizada por meio da retomada do rigor da lei do Antigo Testamento, ignorando a subversão operada pelos evangelhos, vai de encontro à proposição ética levinasiana de que a relação entre o Eu e o Outro é que constitui a base sobre a qual tudo se ergue, bem como ao entendimento análogo de Jung acerca de "todos os que têm em vista uma confrontação consigo próprios [...]. Na medida em que o indivíduo não reconhece o valor do outro, nega o direito de existir também ao 'outro' que está em si, e vice-versa. A capacidade de diálogo interior é um dos critérios básicos da objetividade" (OC, vol. 8/2, § 187). Toda Verdade, pois, fundamenta-se na relação intersubjetiva que considera a originalidade de cada ser humano e o respeito que lhe é devido – não só inviabilizando rótulos niveladores e achatadores, mas, sobretudo, realçando a unicidade própria a cada indivíduo para além de contextos, molduras e convenções, inclusive aqueles tidos por científicos. A totalidade em que "nada nem ninguém pode ser segregado, reprimido ou esquecido", admoesta Bernardi, constitui-se em mutualidade na qual a integração decorre do reconhecimento mútuo de todas as partes. Com efeito,

> Como [Lévinas] deseja pensar o homem a partir de uma posição essencialmente ética, julga imprescindível proteger o Outro de ser reduzido ao Mesmo. Em outras palavras, deseja que o Outro seja recebido em sua irredutível estranheza. A subjetividade passa a ser entendida como a abertura original ao Outro. Este Outro não é um outro que eu possa compreender pela empatia. Ele é sempre um mistério essencial, nunca conhecido nem conhecível. [...]
>
> O Outro me coloca em questão e é este colocar-me em questão pelo Outro que Lévinas denomina ética. Por isso, a ética é uma ótica, brota da percepção impossível do Outro que mostra sua face, revela-se epifanicamente, mas nunca se constitui um objeto de percepção ou conhecimento. A imagem é sempre um discurso que nunca consigo compreender em sua plenitude (BERNARDI, 2003).

Somente uma ética que parta do Outro pode abrir espaço para sua dignidade enquanto radicalmente diferente do Eu e, no entanto, doador de sentido para o próprio Eu. Nesse sentido, o Outro é o que chama, e a seu chamado o Eu deve responder "Eis-me aqui" (1Sm 3); o processo de individuação dá-se aí em toda sua força ética, em termos da hospitalidade absoluta, onde o Eu hospeda a face enigmática do Outro sem tentar reduzi-lo ao Mesmo, em termos intrapsíquicos inclusive. Ao contrário, se a imagem que se apresenta ao Eu passar por uma domesticação tal que seu mistério se transforme no conhecido que consigo aceitar e suportar, a individuação acabará reduzida ao projeto egoico de ampliação e estabilidade (BERNARDI, 2003). Eis aí o cerne do embate moral entre fundamentalistas e LGBT.

4 Conclusão: a redenção do samaritano

Se a causa de condenação dos sodomitas é sua violação da hospitalidade, e talvez o uso da sexualidade como instrumento de profanação do Outro (e não um inexistente homoerotismo bem-integrado e responsável perante o Eu e o Outro), é na estrada de Jerusalém para Jericó, cenário da Parábola do Bom Samaritano (Lc 10,30-37), que os bodes expiatórios encontram, em seu contraponto neotestamentário, a redenção. Na estrada (caminhantes como Abraão, o ícone levinasiano da eterna errância), o samaritano – o excluído e marginalizado dos judeus por definição – consegue, entre ressentimento e retaliação, entre inferioridade e superioridade, alcançar a síntese da compaixão, fruto do esvaziamento de si em direção ao Outro que lhe permite constituir-se em seu próximo, transcendendo toda violência.

Um dos temas centrais de Lévinas é sua crítica à pretensa neutralidade do pensamento racional; ele suspeita que o dito "neutro" não passe do travestimento do masculino, do discurso dominante da história do pensamento, de modo que apenas um pensamento que se deixe contaminar pelo feminino poderá, em lugar da ontologia, tornar-se ética e acolhimento.

Assim, em seu pensamento o feminino é alçado a um lugar fundamental, tornando-se a metáfora mesma do acolhimento do Outro – a fim de que se pense a diferença em sua "diferencialidade mesma", isto é, o Outro como Outro, não mais como reflexo do Mesmo. Faria sentido, pois, substituir o termo "tolerância", tão em voga, por "misericórdia". Quem tolera faz uma concessão ao Outro; quem "dá o coração àqueles que são vítimas da miséria" (significado latino de "misericórdia"), compreende que não pode ser sem o Outro.

"O cristianismo é jovem, tem apenas dois mil anos – e talvez só agora, cada vez mais livre dos interesses do poder, graças à secularização, esteja começando a lidar seriamente com as diversidades do mundo", especula o teólogo Vito Mancuso. Com efeito, prossegue ele, testemunhamos hoje "uma profunda transformação do conceito de sagrado, que não pretende ter nada a ver com a concepção primitiva e machista do culto da força e da arbitrariedade, incluindo o Deus do teísmo e da onipotência de algumas páginas bíblicas". O que cada vez mais se torna sagrado para a consciência é a lealdade nas relações; a harmonia em permanente busca e construção; o rosto (para usar um termo caro a Lévinas) humano, como quer que se apresente – o que não só implica uma profunda transformação do conceito de religião como assegura a aquisição de que sagrada é a vida livre dos seres humanos. Consolidam-se assim as premissas, profetiza Mancuso, para que se cumpra a revolução teológica do Cristo, do teísmo ao panenteísmo.

À diferença do panteísmo (em grego: *pan*, tudo; *theos*, Deus) – segundo o qual tudo é Deus, Deus é tudo e não comporta nenhuma diferença, diluindo todo Eu no Outro –, a teologia cunhou uma nova expressão, o "panenteísmo" (*pan*, tudo; *em*, em; *theos*, Deus). Quer dizer: Deus está em tudo e tudo está em Deus, numa relação dinâmica de alteridade.

"Deus e mundo são diferentes. Mas não estão separados ou fechados. Estão abertos um ao outro", explica Leonardo Boff (2012). Ele prossegue:

> Se são diferentes, é para possibilitar o encontro e a mútua comunhão. Por causa dela superam-se as categorias [...] que se contrapunham: transcendência e imanência. [...] O cristianismo, por causa da encarnação de Deus, criou uma categoria nova: a transparência. Ela é a presença da transcendência (Deus) dentro da imanência (mundo). Quando isso ocorre, Deus e mundo se fazem mutuamente transparentes. Como dizia Jesus: "quem vê a mim, vê o Pai" (BOFF, 2012).

Ego e Si-mesmo, enquanto opostos, encontram-se em perpétuo movimento. Bernardi (2003) sublinha a "negociação" entre os dois, resgatando, com Derrida, sua etimologia de "não descanso" – em contraponto ao desejo do ego de dominação e apropriação por meio de um posicionamento unilateral, que não se engaja no diálogo ético com o Outro. Jung comenta que não é possível individuar fora da relação com outros seres humanos: "não podemos individuar no cume do Monte Everest ou numa caverna onde não vemos ninguém durante 70 anos. Só podemos individuar com ou contra alguém ou alguma coisa" (apud BERNARDI, 2003). A tarefa, portanto, é ao mesmo tempo interna e externa, e cada um é responsável por responder aos desafios e questionamentos com que se deparar. Que também o embate entre cristãos e LGBT no Brasil de hoje se converta em oportunidade de síntese e elaboração responsáveis, cumprindo a vocação ética fundadora do humano.

Referências

ALISON, J. *Fé além do ressentimento* – Fragmentos católicos em voz *gay*. São Paulo: É Realizações, 2010, 335 p.

BERNARDI, C. "Individoação: do Eu para o Outro, eticamente". III Congresso Latino-Americano de Psicologia Junguiana. Salvador, maio de 2003 [Disponível em http://www.rubedo.psc.br/artigosb/jgetiind.htm – Acesso em 19/06/2014].

BOFF, L. "Panteísmo *versus* panenteísmo". *Instituto Humanitas Unisinos*, 16/04/2012 [Disponível em http://www.ihu.unisinos.br/noticias/508499-panteismoversuspanenteismo – Acesso em 26/06/2013].

BRASIL/Secretaria de Direitos Humanos. *Relatório sobre violência homofóbica no Brasil: ano de 2012*. Brasília, jun./2013.

CAMILO, F. "Avon, homofobia e falsos combates". *Amálgama* – Atualidade e cultura, 16/04/2012 [Disponível em http://www.amalgama.blog.br/04/2012/silas-malafaia-avon/ – Acesso em 29/06/2014].

CORRÊA LIMA, L. "Homoafetividade e evangelização: abrir caminhos". *Revista Vida Pastoral*, ano 55, n. 297, jul.-ago./2014 [Disponível em http://vidapastoral.com.br/artigos/temas-pastorais/homoafetividade-e-evangelizacao-abrir-caminhos/ – Acesso em 29/06/2014].

JUNG, C.G. *Símbolos da transformação*. Petrópolis: Vozes, 2012, 653 p. [OC, vol. 5].

_____. *O eu e o inconsciente*. Petrópolis: Vozes, 2002, 166 p. [OC, vol. 7/2].

_____. "A função transcendente". *A natureza da psique*. Petrópolis: Vozes, 2000, p. IX-23 [OC, vol. 8/2].

KALEEM, J. "Unearthing The Surprising Religious History of American Gay Rights Activism". *Huff Post* – Religion, 28/06/2014 [Disponível em http://www.huffingtonpost.com/2014/06/28/gay-religious-history_n_5538178.html – Acesso em 29/06/2014].

MACHADO, M.D.C. & PICCOLO, F.D. (orgs.). *Religiões e homossexualidades*. Rio de Janeiro: FGV, 2010, 286 p.

MANCUSO, V. "O que resta do sagrado: o cristianismo, a ética e o Ocidente". *Instituto Humanitas Unisinos*, 18/11/2012 [Disponível em http://www.ihu.unisinos.br/noticias/515605-o-que-resta-do-sagrado-o-cristianismo-a-etica-e-o-ocidente-artigo-de-vito-mancuso – Acesso em 26/06/2013].

SNOEK, J. "Eles também são da nossa estirpe – Considerações sobre a homofilia". *Vozes*, ano 61, set./1967, p. 792-803. Petrópolis: Vozes.

VIDAL, M. *Sexualidade e condição homossexual na moral cristã*. Aparecida: Santuário, 2008, 196 p.

5 A alma brasileira na literatura machadiana
Complexo cultural de cordialidade

*Teresinha V. Zimbrão da Silva**

1 Literatura e psicologia

> *É certo e até mesmo evidente que a psicologia, ciência dos processos anímicos, pode relacionar-se com o campo da literatura* (JUNG, 1985, p. 74).

Este trabalho é parte de uma pesquisa que tem uma proposta interdisciplinar: contribuir para análises literárias à luz da psicologia junguiana.

As relações entre literatura e psicologia são discutidas por Jung em um conjunto de ensaios publicados em por-

---

* Possui graduação em Letras pela Universidade do Estado do Rio de Janeiro (1990), graduação em Matemática pela Universidade Federal do Rio de Janeiro (1987), doutorado em Literatura – University of Newcastle Upon Tyne (1994), especialização em Psicologia Junguiana pelo IBMR-RJ (2006) e pós-doutorado em Literatura pela PUC-RJ (2007). É professora-associada da graduação e pós-graduação em Letras (mestrado e doutorado em Estudos Literários) da Universidade Federal de Juiz de Fora. Tem experiência na área dos Estudos Literários, com ênfase em literatura brasileira, atuando principalmente nos seguintes temas: Apropriação, Identidade cultural, Literatura e psicologia junguiana, Literatura e espiritualidade, Literatura e budismo, Machado de Assis, Guimarães Rosa, Clarice Lispector.

tuguês sob o título *O espírito na arte e na ciência* (JUNG, 1985). Lemos então que a força imagística da poesia, que pertence ao domínio da literatura e da estética, é um fenômeno psíquico, e como tal pertence também ao domínio da psicologia. Nestes ensaios, Jung defende a interdisciplinaridade entre as duas áreas de conhecimento, espaço onde este trabalho pretende se situar.

Tendo concluído em 2006 no IBMR-RJ uma pós-graduação *lato sensu* em psicologia junguiana (com a monografia intitulada *Literatura e Psicologia Analítica* orientada pelo analista junguiano Dr. Walter Boechat), eu me proponho a divulgar no meio acadêmico brasileiro os estudos sobre literatura e psicologia junguiana.

2 Inconsciente cultural e complexo cultural

> *O médico em mim se nega a crer que a vida psíquica de um povo esteja além das regras psicológicas fundamentais. A psique de um povo tem uma configuração apenas um pouco mais complexa do que a psique do indivíduo* (JUNG, 1993, p. 85).

> *[Se] uma teoria psicológica é válida para o indivíduo, deve poder também ser aplicada a situações coletivas* (GAMBINI, 2000, p. 35).

> *Os psicólogos têm a tendência a não ver senão os efeitos individuais desses arquétipos; importa agora apreciar-lhes as consequências sociais* (MAFFESOLI, 1998, p. 100).

É importante notar que os estudos sobre literatura e psicologia junguiana contam com a contribuição dos conceitos de inconsciente cultural e complexo cultural.

Admite-se que muito do que Jung considerava como sendo pessoal, hoje é percebido como culturalmente condicionado, e muito do que ele considerava coletivo, percebe-se também como condicionado pela cultura.

O conceito de Inconsciente Cultural foi introduzido no discurso junguiano em 1984 por Joseph L. Henderson e redefinido em 1996 por Michael V. Adams. Henderson definiu o Inconsciente Cultural como uma dimensão entre o inconsciente coletivo e o inconsciente pessoal (HENDERSON, 1984).

Contudo, aquilo que é cultural é, obviamente, também coletivo. Adams redefiniu então o Inconsciente Cultural como uma dimensão dentro do Inconsciente Coletivo. Por esta redefinição, o Inconsciente Coletivo passa a comportar duas dimensões: a primeira arquetípica, natural, trans-histórica, transétnica; a segunda estereotípica, cultural, histórica, étnica, e é esta dimensão que define o Inconsciente Cultural (ADAMS, 1996).

Em 2004, Thomas Singer e Samuel Kimbles, inspirados no conceito de Inconsciente Cultural, introduziram o conceito de Complexo Cultural, redefinindo a teoria dos complexos de Jung para que esta não só se referisse ao Inconsciente Pessoal, mas que também incluísse os complexos do Inconsciente Cultural (SINGER & KIMBLES, 2004).

A introdução desses conceitos no discurso junguiano se deu com o fim de resgatar a influência da cultura sobre os conteúdos do inconsciente e efetivar a participação da psicologia junguiana na discussão sobre as questões culturais, tema dos mais importantes na Pós-modernidade.

Neste trabalho, procuro explicitar que a Psicologia Junguiana pode contribuir, e muito, sobretudo com os conceitos de Inconsciente Cultural e Complexo Cultural, para os estudos sobre identidade e diferença culturais na literatura brasileira.

3 Cordialidade e complexo cultural

O presente trabalho inspirou-se na minha pesquisa de pós-doutorado desenvolvida em 2006, onde estudei Machado de Assis a partir da hipótese de que o escritor teria antecipado, na sua produção literária e crítica, as reflexões desenvolvidas por Sérgio Buarque de Holanda que resultaram no conceito de homem cordial exposto em *Raízes do Brasil*.

O conceito, desde a sua definição por Holanda em 1936, tem se revelado muito produtivo como tentativa de caracterizar aspectos importantes de identidade e diferença culturais do brasileiro. Contudo, carrega consigo uma grande polêmica que importa comentar a fim de melhor definir a proposta da pesquisa.

O principal contra-argumento ao conceito de Holanda é a afirmação de que uma sociedade violenta como a brasileira, que primeiro explorou o trabalhador escravo e depois o assalariado, não poderia ser cordial. Esta argumentação é motivada pela interpretação de cordial no seu significado corrente: amigo, bondoso, sincero, franco. Mas, como advertiu o próprio Holanda, cordial deve ser tomado em seu sentido etimológico: pertencente ao coração. A inimizade e a violência podem ser tão cordiais quanto a amizade e a bondade, pois tanto umas como outras nascem do coração. Em *Raízes do Brasil* lê-se:

> Cumpre ainda acrescentar que essa cordialidade, estranha, por um lado, a todo formalismo e con-

vencionalismo social, não abrange, por outro, apenas e obrigatoriamente, sentimentos positivos e de *concórdia*. A inimizade bem pode ser tão *cordial* como a amizade, visto que uma e outra nascem do *coração*, procedem, assim, da esfera do íntimo, do familiar, do privado (HOLANDA, 1973, p. 107).

A pesquisa interpreta o conceito sublinhando os seguintes aspectos: a cordialidade está próxima da afetividade da família patriarcal e distante da civilidade do Estado moderno, caracteriza-se pela espontaneidade da emoção íntima e não pelo convencionalismo da polidez cidadã, pressupõe antes relações pessoais e privadas, orientadas por simpatia e favor – resquícios do patriarcalismo – e não relações impessoais e públicas, orientadas por mérito e trabalho – introduções da Modernidade não consolidadas de todo no Brasil.

O presente trabalho também se inspirou no artigo do psicólogo junguiano Henrique Pereira, intitulado "Considerações sobre a teoria dos complexos culturais" (PEREIRA, 2010). Neste artigo, Pereira se pergunta quais seriam os complexos culturais do brasileiro, e relaciona alguns estudos a respeito:

Ora, autores junguianos brasileiros têm se mostrado cada vez mais interessados em discutir a identidade cultural brasileira e seus complexos. Eis alguns exemplos: Roberto Gambini (2000) estudou a atuação do mecanismo psicológico da projeção na fantasia que os primeiros colonizadores portugueses faziam dos nativos; Fernando Araújo (2004) e Walter Boechat (2010) abordaram as questões psicológicas relacionadas ao racismo no Brasil; e Denise Ramos (2004) identificou o sentimento de inferioridade como traço principal de um complexo cultural brasileiro. Isto sem falar na notável contribuição de Arthur Ramos (2007) que, já nos anos de 1930, buscava estudar psicossociologicamente a tradição afro-brasileira, abdicando das teorias raciais tão em voga naqueles tempos. Muitos anos antes de Henderson propor um inconsciente cultural, Ramos sugeria o "inconsciente folclórico" (PEREIRA, 2010, p. 43).

Depois de citar alguns dos estudos junguianos sobre os complexos culturais do brasileiro, Pereira sublinha: "gostaria de chamar a atenção para um aspecto sensível, incômodo da alma brasileira, que não passa diretamente pelo preconceito racial ou étnico e tampouco pelo sentimento de inferioridade. Eu diria que, como nação, sofremos de um complexo de cordialidade" (PEREIRA, 2010, p. 44).

Pereira propõe, então, interpretar a cordialidade, tal como definida por Holanda, como um complexo cultural do brasileiro. Este, por ainda sofrer a influência de um estilo de vida social pré-moderno, baseado em laços de sangue e pessoais, não conseguiu substituir de todo a lei particular da família pela lei abstrata e impessoal do Estado. Tende, portanto, a tratar a coisa pública como patrimônio pessoal, e daí a legislar e governar não em nome do povo, mas em causa própria. Pereira sumariza:

> E seguindo a lógica do complexo, se eu penso que o Estado é meu, se o trato como patrimônio pessoal, a corrupção deixa de ser rapina. Afinal, como roubar aquilo que já possuo? Por conseguinte, a corrupção, que tanto revolta os brasileiros, não é somente sintoma compensatório de nosso complexo de inferioridade, mas deve também ser pensada como vinculada a este complexo de cordialidade (PEREIRA, 2010, p. 45).

O homem cordial encontra sérias dificuldades para se adequar às relações impessoais, desobedecendo, portanto, à lei abstrata do Estado. Sua vida em sociedade se pauta pela ética da emoção, por aquilo que nasce do coração. Pereira ainda sublinha:

> Há aspectos da cordialidade, contudo, que, por não nos causarem conflito ou mal-estar, já estão integrados na identidade nacional. É o caso do "uso de diminutivos" e da "omissão de nomes de famílias no trato social", como forma de criar intimidade. A cordialidade do brasileiro se faz notar principalmente no seu "desejo de estabelecer intimidade" em vez de respeito. A polidez de outros povos nos parece fria e formal. O convívio social, entre nós, está fundado numa ética da emoção (PEREIRA, 2010, p. 45).

São esses aspectos de cordialidade da "alma brasileira" que o presente trabalho pretende explicitar no romance machadiano *Esaú e Jacó*. No seu penúltimo romance, publicado em 1904, Machado de Assis nos introduz ao menos cordial de seus personagens: o narrador e diplomata Aires. Procuraremos mostrar que é a partir da definição deste como cordato (polido), justamente o oposto de cordial, que Machado de Assis constrói, por oposição, a cordialidade dos demais personagens e, portanto, antecipa as reflexões de Holanda sobre o homem cordial expostas em *Raízes do Brasil*, reflexões que permitem a interpretação junguiana de complexo de cordialidade da "alma brasileira".

4 O homem cordial e o homem cordato

Principiemos por lembrar que *Esaú e Jacó*, ainda que seja um texto narrado na terceira pessoa, é definido no prólogo como o último volume das memórias de Aires. Machado de Assis constrói então a estranha situação narrativa de um "eu" que se trata como um "ele". De fato, é em terceira pessoa que o narrador-diplomata sublinha o detalhe de ser um homem "extremamente cordato": Aires "[e]ra cordato, repito, embora esta palavra não exprima exatamente o que quero dizer. Tinha o coração disposto a aceitar tudo, não por inclinação à harmonia, senão por tédio à controvérsia" (ASSIS, 1997, p. 965).

Cordato, no contexto, significa se pôr de acordo para ser polido. De fato, lemos que Aires "usava sempre em concordar com o interlocutor, não por desdém da pessoa, mas para não dissuadir nem brigar" (ASSIS, 1997, p.1.057). Era, em todos os sentidos, um diplomata: "Imagina só que trazia o calo do ofício, o sorriso aprovador, a fala branda e cautelosa, o ar da ocasião, a expressão adequada, tudo tão bem distribuído que era um gosto ouvi-lo e vê-lo" (ASSIS, 1997, p. 964).

Lembremos que este diplomata passou uns trinta anos da sua vida no exterior, só visitando o país em ocasionais licenças. É o mais europeizado dos personagens machadianos, o mais civil e polido. Ora, a polidez comparece como um detalhe importante do retrato com que posa para a Modernidade o homem civilizado. É suposta como uma grande virtude, apurada em longos anos de civilização e reivindicada como condição essencial para a vida em sociedade. Indispensável ao guarda-roupa do homem moderno, a polidez só será despida por ocasião da intimidade do lar, tal como Aires nos é descrito a fazer:

> Não cuides que não era sincero, era-o. Quando não acertava de ter a mesma opinião, e valia a pena escrever a sua, escrevia-a [...], tendo para isso uma

série de cadernos a que dava o nome de *Memorial*. Naquela noite escreveu estas linhas:

> Noite em casa da família Santos [...]. Natividade e um Padre Guedes que lá estava, gordo e maduro, eram as únicas pessoas interessantes da noite. O resto insípido, mas insípido por necessidade, não podendo ser outra coisa mais que insípido. [...] Não acabo de crer como esta senhora, aliás tão fina, pode organizar noites como a de hoje (ASSIS, 1997, p. 965-967).

O mais europeizado dos personagens machadianos parece ter realizado a separação moderna entre o público e o privado. No fragmento, nós o vemos despir a atitude cordata de salão para adotar a sinceridade devida a um diário íntimo (que só após a sua morte seria publicado). Neste diário, Aires qualifica as mesmas pessoas, a que em público tivera o trabalho de polidamente agradar, de "insípidos".

Em diversos momentos do romance, comparece sublinhada a oposição entre a atitude pública e a atitude privada de Aires. Vejamos alguns: em um diálogo mantido com Santos, quando fumava com este um charuto, o diplomata, enquanto "olhava mansamente" para o anfitrião, pensava consigo mesmo: "não podia negar a si mesmo a aversão que este lhe inspirava" (ASSIS, 1997, p. 1.012).

Há também o episódio da imprópria consulta noturna a Aires, por parte de Batista: este, como político conservador, queria saber a opinião do diplomata se devia ou não aceitar o convite dos liberais para assumir a presidência de uma província. Aires ouvia e "escondia o espanto [...]. Convidado assim àquela hora [...]. Uma profissão de fé política [...]". A calma aparente do diplomata antes escondia uma impaciência que ele civilizadamente procurava controlar. O impróprio da situação era demais até para a sua cordata polidez. "Quando Aires se achou na rua, só, livre, solto, entregue a si mesmo, sem grilhões, nem considerações, respirou largo" (ASSIS, 1997, p. 1.017).

Ou ainda o caso de Flora: esta pedira a Aires que dissuadisse o pai da ideia de deixar a corte e ir para a província e o diplomata cordato prometeu intervir, só que, no íntimo, "achou tão absurdo este pedido, que esteve quase a rir, mas conteve-se bem" (ASSIS, 1997, p. 1.015). Contudo, diante da oportunidade proporcionada pela consulta de Batista, aconselhou então a este exatamente o contrário do que antes prometera à filha – e, portanto, sendo agora cordato para com o pai, a quem interessava aceitar o cargo na província.

Enfim, o europeizado Aires alcança satisfazer cordatamente a todos, e sobressai nestas cenas como o único a dominar com maestria as leis modernas do convívio social. De fato, notemos que os outros personagens comparecem justamente a infringir estas leis quando exteriorizam, em contraste com a atitude cordata do Conselheiro, uma disposição tanto para controvérsias apaixonadas (os "insípidos" da noite em casa de Santos discutiam com paixão sobre a adivinha do Morro do Castelo) quanto para revelações íntimas (como nos exemplos de Batista e Flora), ambas as atitudes tidas como impróprias à conversa polida de salão.

A atitude cordata de Aires demonstra a moderna impessoalidade com que este conduz as suas relações sociais, já a atitude dos demais personagens explicita um arcaísmo de um país patriarcalista que, insistindo na pessoalidade de todos os vínculos, não faz distinções entre o espaço público e o privado. Aires se vê então às voltas com casos como os de Flora e Batista, a pedirem ambos um conselho pessoal a ele, praticamente um estranho. Lembremos que o diplomata considerava esta sociedade como composta por "gente estranha" (ASSIS, 1997, p. 989) e não por amigos e ele só os ouvia por "imposição de sociedade" (ASSIS, 1997, p. 1.015).

É ainda significativo que estes dois personagens não sejam os únicos a reivindicar ao Conselheiro Aires, a intimidade que acompanha o papel de conselheiro (título que deveria ser, por convenção, apenas simbólico). De fato, tanto Batista e Flora quanto Natividade, Santos, Pedro, Paulo e até Custódio recorrem aos conselhos do Conselheiro. E se este os recebe em público com polidez, quando na intimidade do seu *Memorial*, os deprecia, atribuindo-lhes a condição de "insípidos", além da epígrafe *"anima mal nata"*.

A esta altura nos interessa sublinhar que o romance machadiano *Esaú e Jacó*, de fato, sugere que, na sociedade brasileira, há constante invasão do espaço público pelo privado (existem outros exemplos a serem citados, mas que extrapolam os limites do presente trabalho)[1]. Pois este importante traço identitário é determinante nas reflexões desenvolvidas por Sérgio Buarque de Holanda em *Raízes do Brasil*. No capítulo "O homem cordial", Sérgio Buarque denomina este "traço definitivo do caráter brasileiro", definido pelos "padrões de convívio humano, informados no meio rural e patriarcal", de "cordialidade". Expressão que deveria ser tomada em seu "sentido exato e estritamente etimológico", para designar um sentimento nascido do coração, "procedendo assim da esfera do íntimo, do familiar, do privado" (HOLANDA, 1975, p. 106-107).

---

1 O registro machadiano da não distinção, por parte do brasileiro, entre os espaços público e privado, já foi estudado por Luiz Costa Lima no ensaio "Machado e a inversão do veto" em *O controle do imaginário* (LIMA, 1984, p. 242-261).

Machado então antecipa – através da oposição que constrói entre a moderna impessoalidade do europeizado Aires, atualizada na *atitude cordata* ou polida deste, e a arcaica pessoalidade dos outros personagens, atualizada por seu turno na *atitude cordial* destes últimos – as reflexões de Holanda sobre as possíveis "raízes do Brasil". Notemos que o próprio Holanda distingue ambas as atitudes, sublinhando: "a atitude polida consist[e] precisamente em uma espécie de mímica deliberada de manifestações que são espontâneas no "homem cordial": é a forma natural e viva que se converteu em fórmula" (HOLANDA, 1973, p. 107).

De fato, o seu estudo explicita a distância que separa os dois conceitos, a polidez e a cordialidade, e ainda o quanto que o modelo de convivência social em vigor no Brasil, ao destoar do primeiro, distancia o país da ritualística impessoalidade com que o indivíduo aprendeu a se disfarçar na sociedade moderna. E conclui:

> Nenhum povo está mais distante dessa noção ritualística da vida que o brasileiro. Nossa forma ordinária de convívio social é no fundo justamente o contrário da polidez. [...] a polidez é, de algum modo, organização de defesa ante a sociedade. Detém-se na parte exterior, epidérmica do indivíduo, podendo mesmo servir, quando necessário, de peça de resistência. Equivale a um disfarce que permitirá a cada qual preservar intatas sua sensibilidade e emoções (HOLANDA, 1973, p. 107).

Pois é este impessoal disfarce, em contraste com a pessoalidade dos outros personagens, que estamos presenciando o europeizado Aires a vestir em *Esaú e Jacó*. Machado constrói então um personagem que no convívio social procura disfarçar as suas emoções mais íntimas, as quais serão transcritas em um diário, a ser publicado somente depois da sua morte, quando este não mais precisar se disfarçar e se defender diante desta sociedade.

Ao mesmo tempo que apresenta um personagem "extremamente cordato", Machado apresenta seus outros personagens com traços de cordialidade. A invasão do espaço público e estatal pelo privado e familiar na sociedade brasileira não escapou ao escritor e é registrada no seu penúltimo romance. Estas são algumas das reflexões machadianas que estamos relacionando ao conceito do homem cordial de Holanda, conceito que admite a interpretação junguiana de complexo cultural de cordialidade e a respeito do qual importa ainda notar a seguinte observação de Henrique Pereira:

> O complexo cultural de cordialidade evoca um tema arquetípico, que é a passagem da lei da família para a lei da Cidade. O conflito entre estes dois princípios foi retratado por Sófocles como o conflito entre Creonte, representante da Pólis, e Antígona, a guardiã dos valores familiares. Psicologicamente, a família está sob o signo dos vínculos eróticos cuja metáfora recorrente é a "mãe", enquanto que a Cidade ou o Estado impessoal está simbolicamente impregnado da lei própria do "pai". O complexo de cordialidade do brasileiro seria assim expressão da tensão decorrente do atrito destas duas experiências arquetípicas – mãe e pai. E a nação brasileira, mantendo-se perigosamente vinculada aos valores cordiais maternos, permanece infantilizada, uma reencenação arquetípica do *puer aeternus*, a criança eterna: somos um povo que realiza pouco seu enorme potencial criativo. Não disseram, afinal, que o Brasil é o país do futuro? (PEREIRA, 2010, p. 45-46).

5 Considerações finais

Eis então o estudo da "alma brasileira" registrado no romance machadiano *Esaú e Jacó*, a partir do conceito de cordialidade, do sociólogo e historiador Sérgio Buarque de Holanda, e do conceito de complexo cultural da psicologia junguiana. Esperamos ter conseguido estabelecer relações pertinentes entre estas diferentes áreas de conhecimento. Não foi nossa pretensão, em absoluto, esgotar o assunto. Muito provavelmente, ângulos importantes deixaram de ser explorados, ou sequer foram vislumbrados. Por ora, este é o trabalho possível.

Referências

ADAMS, M.V. *The multicultural imagination*: race, color and the unconscious. Nova York: Routledge, 1996.

ARAÚJO, F.C. *Da cultura ao inconsciente cultural* [Disponível em http://www.rubedo.psc.br/artigosb/cultacul.htm - Acesso em 26/10/2004].

ASSIS, J.M.M. *Esaú e Jacó* (1904). Rio de Janeiro: Nova Aguilar, 1997 [Obra Completa, vol. I].

BOECHAT, W. "Eros, poder e o racismo cordial: aspectos da formação da identidade brasileira". *V Congresso Latinoamericano de Psicologia Junguiana*. Santiago, 2009, p. 125-314 [Anales].

GAMBINI, R. *Espelho índio* – A formação da alma brasileira. São Paulo: Axis Mundi/Terceiro Nome, 2000.

HENDERSON, J.L. *Cultural attitudes in psychological perspective*. Toronto: Inner City Books, 1984.

HOLANDA, S.B. *Raízes do Brasil* (1936). Rio de Janeiro: José Olympio, 1973.

JUNG, C.G. *Civilização em transição*. Petrópolis: Vozes, 1993 [Obras Completas, vol. 10/3].

_____. *O espírito na arte e na ciência*. Petrópolis: Vozes, 1985 [Obras Completas, vol. XV].

LIMA, L.C. *O controle do imaginário*. São Paulo: Brasiliense, 1984.

MAFFESOLI, M. *Elogio da razão sensível*. Petrópolis: Vozes, 1998.

PEREIRA, H. "Considerações sobre os complexos culturais". In: NASCIF, R. & LAGE, V. (orgs.). *Literatura, crítica, cultura IV*: interdisciplinaridade. Juiz de Fora: UFJF, 2010.

RAMOS, A. *O folclore negro do Brasil* (1935). São Paulo: WMF Martins Fontes, 2007.

RAMOS, D.G. "Corruption: symptom of a cultural complex in Brazil?" In: SINGLER, T. & KIMBLERS, S. (orgs.). *The cultural complex*: contemporary Jungian perpectives on psyche and society. Hover/Nova York: Brunner-Routledge, 2004, p. 102-123.

SINGLER, T. & KIMBLERS, S. (orgs.). *The cultural complex*: contemporary Jungian perpectives on psyche and society. Hover/Nova York: Brunner-Routledge, 2004.

O tempo e o vento
Traços da alma brasileira

*Elisabeth Bauch Zimmermann**

Escolhemos trabalhar psicologicamente a trilogia de Érico Veríssimo – *O tempo e o vento* – como narrativa de uma saga familiar que apresenta a colonização de uma região denominada O Continente de São Pedro e a construção do Povoado de Santa Fé. Descrevendo os acontecimentos históricos da época compreendida entre 1745 e 1945 e analisando as personagens masculinas e femininas da saga, foi possível resgatar traços da formação da alma brasileira na região do Rio Grande do Sul, sob o ângulo de visão da psicologia analítica.

Descrever e analisar os fatos e as personagens da saga familiar *O tempo e o vento* de Érico Veríssimo tem como intenção revelar traços da alma brasileira que foram se formando naquele período de colonização da região, em seus aspectos luminosos e sombrios. Relacionar uma obra literária de grande porte, com grande conhecimento de uma região brasileira, parece-me uma forma relevante de penetrar no mistério da alma de um povo, sob a ótica da psicologia junguiana.

Publicado entre 1949 e 1961, a trilogia de Érico Veríssimo – *O tempo e o vento* – narra a saga familiar dos Terra e

---

* Psicóloga pela USP, analista junguiana pelo Instituto C.G. Jung de Zurique, Suíça. Doutora em Saúde Mental pela Unicamp. Licenciada em Dança Moderna pela UFBA. Docente do Instituto de Artes da Unicamp.

dos Cambarás, famílias que fizeram parte da construção de toda uma região no Rio Grande do Sul, região esta denominada O Continente de São Pedro. A ação da narrativa começa em 1745 e se desenvolve até 1946.

No ano de 1777, Ana Terra, filha de colonos de origem portuguesa, vive na estância paterna uma vida restrita e sacrificada. Junto com a mãe se ocupa das árduas tarefas domésticas – o preparo da comida, a limpeza da casa e das roupas –, enquanto o pai e os dois irmãos cuidam da lavoura e de alguma criação. Estão isolados, não têm vizinhos, um dia transcorre como o outro: trabalho, refeições, descanso e tudo novamente no outro dia. Nenhum conforto ou diversão. Ana sente falta do lugar de onde veio, a Capitania de São Paulo, onde viveu antes da família obter a terra. O pai, Maneco Terra, é um homem calado, teimoso, que sonha em ampliar a estância, em criar gado, em plantar trigo. Ana quer ver gente, ir à igreja, ouvir música. O pai dá as diretrizes em tudo. A mãe se cala.

Um dia Ana encontra à margem da sanga um índio ferido, que mais tarde relata ter sido criado e educado pelos padres nas missões, uma vez que sua mãe morreu no parto. Filho de índia e bandeirante paulista, foi chamado de Pedro Missioneiro. Veríssimo o descreve como um índio visionário que prevê os acontecimentos, inclusive o final trágico da missão, em consequência de um acordo de terras feito entre Espanha e Portugal. Cem anos de um processo civilizatório de alto nível foi destroçado, sem levar-se em conta o grande valor humano da obra que padres e índios haviam desenvolvido. Padre Alonso, um dos missionários em meados do século XVIII, descreve um corregedor índio, José Tiaraju, como um

> belo homem de rígida postura marcial, parco de palavras e de gestos [...]. Sabia ler e escrever com

> fluência, tinha habilidade para a mecânica e conhecia a doutrina cristã melhor que muitos brancos letrados [...]. Ninguém melhor do que ele domava um potro ou manejava o laço; poucos podiam ombrear com ele no conhecimento e trato de terra; e a guerra mostrara que ninguém o suplantava como chefe militar e guerrilheiro. Em tempos de paz [...] sabia exprimir-se com precisão e economia de palavras, e nas suas sábias sentenças Alonzo vislumbrava às vezes uma pontinha de ironia, o que o deixava a pensar nas ricas reservas mentais daquela raça considerada pelos homens brancos inferior e bárbara (p. 67).

Pedro Missioneiro, ainda menino, começou a divulgar ingenuamente a lenda de que José Tiaraju era o arcanjo São Miguel que estava lutando a favor da missão contra os espanhóis e portugueses. Censurado pelos padres por esta heresia, continuou, no entanto, a espalhar por todos os cantos que o corregedor era uma encarnação do arcanjo. Pedro tinha uma relação mística com os santos e com a Virgem Maria, com quem falava quando ia visitar o túmulo de sua mãe e a quem chamava mãe espiritual.

Com os padres aprendeu a ler, escrever e fazer contas. Tocava dois instrumentos e compunha música.

A família de Ana Terra cuidou de seu ferimento, obtido numa das batalhas em defesa do território das missões, e deixou-o ficar para ajudar os homens da casa nas tarefas da estância. Ele vivia numa cabana solitária, e às vezes tocava em sua flauta melodias nostálgicas compostas por ele mesmo. Ana sentia-se perturbada por sua presença e acabou se envolvendo com ele, numa paixão muito intensa. Quando sua gravidez foi percebida, os irmãos, a mando do pai, mataram

Pedro e o enterraram longe da casa, como Pedro tinha previsto e relatado a Ana, nada fazendo para evitar sua morte.

Através dessa parte da narrativa entramos em contato com a força original da natureza indígena, seus critérios rígidos de honra e justiça, sua sensibilidade e, também, sua ingenuidade, fatalismo e superstição. Algumas dessas características da natureza do índio podem ser consideradas aspectos da alma brasileira, e estão profundamente arraigadas em habitantes de várias regiões em que a presença indígena foi mais marcante.

Ana deu à luz um menino, e lhe deu o nome de Pedro. O pai a ignorava, os irmãos a evitavam, a mãe tentava servir de apoio e consolo silencioso; depois adoeceu e morreu. Então, Ana cuidava dos afazeres da casa sozinha; mais tarde foi auxiliada pela cunhada, casada com o irmão Antonio. Quando em 1790 o pai e os irmãos são mortos num assalto à estância por bandoleiros castelhanos, Ana é violada e machucada, uma vez que só ela ficou de mulher na casa, com os irmãos e o pai. Preocupando-se com o filho pequeno e a cunhada que tinha também uma filha pequena, mandou-os se esconderem no mato. Quando voltou a si após o assalto, viu o pai e os irmãos mortos, e os dois escravos também. A estância estava destruída e as mulheres, com seus filhos, foram resgatados por carreteiros que estavam a caminho das terras que fariam parte da Vila de Santa Fé, a ser fundada por Ricardo Amaral. Este lutara como tenente junto às forças portuguesas na guerra contra os castelhanos e recebera como recompensa, além de condecorações, muitas terras. Em 1803, Chico Amaral, filho de Ricardo Amaral, deu início às providências para fundar o povoado de Santa Fé.

Lá Ana viveu até sua morte. Ganhou um pedaço de terra, construiu seu rancho de taipa, coberto de capim, plantou o alimento e criou o filho. Tornou-se a parteira da comunidade, e usava uma velha tesoura, legado da família desde os tempos de sua bisavó portuguesa, para cortar o cordão umbilical dos recém-nascidos.

Ana gostou de um só homem em toda a sua vida, Pedro Missioneiro, e sempre rejeitou as propostas de casamento que lhe foram feitas depois no povoado.

Temos em Ana uma mulher fortemente ligada aos elementos da natureza, os ventos, os cheiros, a tensão antes das tempestades, o desejo e a dor. Representa a mulher elementar: corpo robusto, beleza rústica, firme em seu propósito de sobreviver e criar seu filho a quem ama intensamente e que representa todo o conteúdo de sua vida. Não demonstra preocupações intelectuais ou aspirações espirituais. Sua religiosidade é primária e tosca como toda ela.

Pedro, já feito homem, casa-se com Arminda e tem dois filhos, Bibiana e Juvenal.

Como Ana Terra, Bibiana é uma mulher forte, mesmo tendo sido criada na vila com mais recursos do que sua avó Ana Terra, mas igualmente obstinada e persistente em suas ambições e em sua ligação com a terra. Teve o seu momento de paixão, casando-se com o Capitão Rodrigo, o grande amor de sua vida. Este, descendente de portugueses, foi um soldado forte e bonito, violeiro cantador, aventureiro, corajoso e mulherengo que se apaixonou por ela e a roubou do noivo, Bento Amaral, a quem, tinha sido prometida.

Veríssimo o descreve assim:
> Um dia chegou a cavalo, vindo ninguém sabia de onde, com o chapéu de barbicacho puxado para a nuca, a bela cabeça de macho altivamente erguida, e aquele seu olhar de gavião que irritava e ao mes-

> mo tempo fascinava as pessoas. Devia andar pelo meio da casa dos trinta, montava um alazão, trazia bombachas claras, botas com chilenas de prata e o busto musculoso apertado num dólmã azul, com gola vermelha e botões de metal. Tinha um violão a tiracolo; sua espada, apresilhada aos arreios, rebrilhava ao sol daquela tarde de 1828 e o lenço encarnado que trazia ao pescoço esvoaçava no ar como uma bandeira (p. 170).

Bibiana, sendo íntegra e forte, aceitou a índole aventureira de seu marido, o Capitão Rodrigo, sem perder seu amor por ele, mantendo-se fiel a sua memória após sua morte em combate. Desenvolveu, ao longo de sua vida, uma personalidade autoritária e dominadora, defendendo a terra e o sobrado em que a família viveu por várias gerações.

Bibiana e o Capitão Rodrigo tiveram três filhos: Bolívar, Anita e Leonor; durante a narrativa Bolívar é o que tem maior destaque.

As palavras de Dr. Winter, o médico da vila, a descrevem:
> D. Bibiana! Ali estava uma criatura de valor. Com umas duzentas matronas como aquela estaria garantido o futuro da Província. Entretanto o destino das mulheres naquele fim de mundo era bem melancólico. Não tinham muitos direitos e arcavam com quase todas as responsabilidades. Sua missão era ter filhos, criá-los, tomar conta da casa, cozinhar, lavar, coser e esperar [...] um forasteiro que dirigisse a palavra a uma senhora corria o risco de incorrer na ira do marido, do pai ou do irmão dessa senhora, que lhe viria imediatamente "tirar uma satisfação" (p. 347).

Outra personagem, que pode ser citada como protótipo não muito honroso da alma brasileira, é Aguinaldo Silva, um negociante que veio do norte do país e que fez fortuna formando tropas, vendendo-as a charqueadores e emprestando dinheiro a juros altos. Como muitos tinham dificuldades em pagar os empréstimos, Aguinaldo foi se apossando de muitas propriedades em Santa Fé, inclusive das terras e da casa de Pedro Terra, pai de Bibiana. Nesta terra construiu um grande sobrado na praça da vila. Este terá um papel importante no desenrolar dos acontecimentos.

Luzia Silva, neta adotiva do negociante, tinha sido educada numa escola de freiras na capital e seu avô sempre lhe proporcionara do bom e do melhor. A moça gostava de saraus musicais, tocava cítara e lia romances. "Dizia: Fui educada na Corte. Sei como vivem as mulheres nas grandes cidades do mundo" (p. 396). "Era voluntariosa, autoritária, cheia de caprichos" (p. 335). Demonstrava ter uma certa morbidez doentia e uma maneira altiva ao lidar com as pessoas, evocando nelas uma atitude defensiva. "Numa terra de gente simples, sem mistérios, Luzia se revelava uma criatura complexa, uma alma cheia de refolhos, uma pessoa, enfim – para usar a expressão das gentes do lugar – 'que tinha outra por dentro' [...] Fitava as pessoas com a mesma indiferença com que olhava as coisas" (p. 338). Não era vista com bons olhos pela população feminina de Santa Fé e os homens a admiravam, mas ela os intimidava com seus modos diferentes. Odiava a vida provinciana de Santa Fé e sempre quis sair de lá. Porém, Bolívar, com quem se casou por sugestão de Bibiana, não conseguia se subtrair à vontade da mãe, que mantinha o filho junto às propriedades recém-reconquistadas através do casamento com Luzia.

Após o casamento de Bolívar com Luzia, o sobrado se tornou o feudo dos Terra Cambará, fortaleza protegida a partir de onde os chefes da família combateram "o poder constituído, até se tornarem parte dele".

Novamente, nas palavras do Dr. Winter, temos uma descrição de Bolívar: "Ali estava um belo tipo. Era robusto, másculo, tinha coragem, conhecia as lidas do campo e as da guerra. Mas era homem de poucas letras, mal sabia ler e escrever e não possuía a menor noção de história ou geografia" (p. 394).

Em 1855 Bolívar é morto durante um cerco inimigo ao sobrado e Luzia fica cada vez mais soturna, recolhida em seu quarto, sem se ocupar do filho Licurgo ou do sobrado. Morre sem ter se aproximado do filho, deixando-o perdido em relação a seu vínculo materno. Luzia foi uma mulher instruída e bela, mas perversa, estigmatizada e sem utilidade nenhuma para a família. Deslocada e infeliz, teve uma existência trágica até o fim de sua vida.

> Aos quinze anos Licurgo Cambará era já um homem. Usava faca na cava do colete, fumava, fazia a barba e já tinha conhecido mulher. Estudava História e Linguagem com o Dr. Nepomuceno, Aritmética e Geografia com o vigário e Ciências com o Dr. Winter. O resto – que para ele era o principal – aprendia com o velho Fandango, o capataz (p. 465).

Casou-se com sua prima Alice e teve dois filhos. Durante toda sua vida Licurgo foi um homem calado, correto, irredutível em seus princípios, um *senex* que não se aproxima afetivamente de seus filhos, nem de sua família. A exceção foi Ismália Carré, com quem manteve um relacionamento extraconjugal até o fim de sua vida e a quem dedicou todos os seus sentimentos.

É Maria Valéria, neta de Juvenal Terra, quem completa o ciclo das mulheres fortes da narrativa. Vai viver um grande amor por Licurgo, seu cunhado que se casou com sua irmã Alice. Permanece solteira e, após a morte da irmã, assume os cuidados do sobrado e da família até o fim da narrativa. Torna-se a Dinda, personagem central da casa, sempre presente com seus cuidados e suas regras e suas concepções preconceituosas. Domina a todos com sua presença severa e, no entanto, confortadora. É uma Héstia que mantém o fogo do lar aceso, cuidando de tudo e de todos por três gerações, a dela e a de seu sobrinhos e sobrinhos-netos.

Os filhos de Licurgo, Rodrigo e Toríbio representam a sexta geração de homens da narrativa de Veríssimo. Dois homens peleadores, como era comum se dizer naqueles tempos no Rio Grande do Sul. Entre 1844 e 1937 aconteceram muitas guerras e revoluções e os homens se lançavam nestas campanhas com euforia e coragem.

> Às vezes [...] parecia que a única função dos homens da Província do Rio Grande do Sul era a de servirem como soldados a fim de manterem as fronteiras do país com a Banda Oriental e a Argentina [...]. Parecia que a guerra era a regra, sendo a paz apenas uma exceção; a gente vivia guerreando e nos intervalos cuidava um pouco da atividade agrícola e pastoril. Tudo era feito com o pensamento na próxima guerra ou na próxima revolução. Havia nos olhos das mulheres uma permanente expressão de susto (p. 394).

Era nobre lutar pelos ideais e pela pátria. Era o que se esperava de um homem. Confirmava-se a instalação da sociedade machista no Rio Grande do Sul. A arma de fogo e a faca estavam sempre prontas. Nenhum homem que se prezasse engolia desaforo.

As mulheres sofriam com o medo de perder os maridos e os filhos e estavam sempre à espera de seu retorno, em noites de ventania, como diz Veríssimo...

Dr. Winter, refletindo sobre esses costumes e considerando que "aquele era um país novo, ainda em sua primeira infância", diz:

> tratava-se positivamente duma sociedade tosca e carnívora, que cheirava a sebo frio, suor de cavalo e cigarro de palha. As casas eram pobres, primitivas, sem gosto nem conforto, quase vazias de móveis; em suas paredes caiadas não se via um quadro, uma nota de cor que lhes desse um pouco de graça [...]. Os "homens machos" da Província de São Pedro pareciam achar que toda a preocupação artística era, além de inútil, efeminada, e por isso olhavam com repugnada desconfiança para os que se preocupavam com poesia, pintura ou certo tipo de música que não fossem as toadas monótonas de seus gaiteiros e violeiros (p. 148).

Por outro lado, Rodrigo Cambará, bisneto do Capitão Rodrigo e herdeiro de sua índole apaixonada e inquieta, foi médico, homem culto e bonito, vaidoso e cheio de ambições. Generoso por natureza, quis fazer algo de valor por sua cidade natal, Santa Fé, após o término de seus estudos de medicina em Porto Alegre. Pretendia criar um hospital e uma farmácia popular, ser um homem de bem, casar-se e formar uma família. Realizou esses projetos, tornando-se um líder político muito atuante em sua cidade. Seu irmão Toríbio foi um homem do campo. Cuidava da estância da família, que neste ponto da narrativa é muito abastada. Ambos tiveram prestígio e reconhecimento na região e participaram de várias ações políticas e campanhas revolucionárias. Turíbio era forte, honesto, intransigente quando se tratava de princípios e de fidelidade aos ideais patrióticos. No entanto, vivia de maneira descompromissada, saia atrás das chinocas e não assumiu casamento. Seu irmão Rodrigo casou-se com Flora Quadros e teve cinco filhos. Alicinha morreu cedo e foi a filha preferida do pai, sua princesinha. João ou Jango tornou-se o homem da terra, cuidando da estância da família. Florêncio se tornou um escritor renomado, personagem provavelmente autobiográfica de Érico Veríssimo. Angustiado, não tinha crença espiritual, apaixonou-se por Sílvia, afilhada de Dr. Rodrigo, mas não se casou com ela por temor de assumir essa responsabilidade. Sílvia, filha de uma costureira pobre que tinha sido abandonada pelo marido, lutava para manter a si e a filha. A menina projetava no pai ausente uma imagem idealizada que era desmentida constantemente pela mãe. Ao ser acolhida no sobrado e poder brincar com os filhos de seu padrinho, era uma menina triste que ficava sempre esperando ser amada como se fosse uma filha legítima e projetando no Dr. Rodrigo todo o amor que não podia dedicar ao pai biológico. Foi estudar em Porto Alegre, a partir da iniciativa de seu padrinho, e formou-se professora. Casou-se com Jango, apesar de não amá-lo, por insistência do Dr. Rodrigo.

Florêncio e Sílvia viveram seu amor enrustido durante boa parte da narrativa. Sílvia se manteve no casamento com Jango e acabou achando um caminho de superação e sublimação através do encontro com Deus e com a maternidade. Florêncio seguiu seu destino, confortado por vê-la em paz, tendo encontrado uma solução para sua tristeza. Continuou a amá-la até o final da narrativa, daquele jeito platônico que correspondia a sua natureza pouco inclinada a lutar por seus desejos.

Foi um homem culto e viajado, teve sucesso com seus livros, viveu de maneira disciplinada, não se permitindo a vida desregrada do pai. Fortemente ligado à mãe, tomou seu partido no sofrimento pelas traições constantes do marido. Flora, emocionalmente frágil desde o início do casamento, consumiu-se com as revoluções que afastavam Dr. Rodrigo por longos períodos da casa e, mais tarde, não suportou as traições do marido, abatendo-se no sofrimento e no sentimento de rejeição. "Os homens podiam sair em aventuras amorosas, a fazer filhos nas chinocas que encontrassem pelo caminho, nas escravas ou nas concubinas [...]" (p. 347).

Rodrigo não conheceu limites em suas aventuras extraconjugais. Como o bisavô, o Capitão Rodrigo, foi vaidoso, egocêntrico, amoral e venal ao extremo. Neste último aspecto parece não ter amadurecido nada, mantendo-se até o fim de seus dias um adolescente libidinoso. Um *puer* talentoso e cativante, mas sempre um *puer*, incapaz do sacrifício de seus desejos.

Em 1931 mudou-se com a família para o Rio de Janeiro e lá permaneceu durante 15 anos, tornando-se o homem de confiança de Getúlio Vargas. Neste período afastou-se dos ideais da juventude e tornou-se um político que aproveitava as chances que a proximidade de Getúlio lhe oferecia. Toríbio não o perdoou e rompeu violentamente com o irmão na noite de 31 de dezembro de 1937, noite em que foi morto numa luta de botequim, na presença de seu sobrinho Florêncio. Esta passagem é especialmente comovedora, uma vez que os irmãos eram ligados por fortes sentimentos. Na estância da família, muitas vezes nadando na sanga, partilharam os acontecimentos importantes de suas vidas. Essa relação afetiva e fraterna entre os irmãos, mas também em várias gerações de amigos, vai se repetindo na narrativa, evidenciando uma característica muito especial da alma brasileira.

Resumindo então as personagens femininas, temos Ana Terra, Bibiana e Maria Valéria, como exemplo de mulheres fortes, que sustentavam a casa e os princípios arraigados da família. E Luzia, Flora e Sílvia, como mulheres frágeis, sensíveis e angustiadas, diferenciadas, em graus diferentes, pelo estudo, pela leitura e pela maior consciência de sua existência.

Como personagens masculinos marcantes desta saga familiar temos Maneco Terra, Pedro Terra, Capitão Rodrigo Cambará, Bolívar, Licurgo, Toríbio, Dr. Rodrigo e Florêncio, entre muitos outros.

A distância percorrida entre Maneco Terra, homem pobre, sem cultura, rústico e preconceituoso, orgulhoso e arraigado a terra, e Dr. Rodrigo Cambará e seu filho Florêncio, homens cultos, amantes das artes, viajados e ricos, foi muito grande e revela o processo de formação e civilização daquela região brasileira. Esses homens incorporam as gerações que formaram o território do Rio Grande do Sul, desde as guerras de fronteira até as revoluções republicanas, federalistas e nacionalistas. Como arquétipos, temos o homem da terra e o homem das ideias e das letras. O chão e a cultura. A sobrevivência e os ideais. Junto a isso, as paixões, os amores, os gestos de generosidade e de coragem, a honra e, também, a corrupção, a má administração e o declínio dos ideais.

Em relação ao homem do chão, é preciso citar Fandango, personagem ricamente ilustrada por Veríssimo. Velho gaúcho, descendente de índios, peão da família Cambará desde menino, e depois capataz, é um homem vigoroso, ligado à terra e à natureza. Gosta de contar casos de assombração à noite, com os homens reunidos no galpão da estância, pitando ao redor do fogo. Sendo bom bailarim, ama dançar nos bailes, mesmo depois de velho. É sábio, mas tem opiniões muito formadas,

das quais não abre mão para deixar entrar novidades. Tendo participado de guerras e revoluções desde seus 16 anos, é um homem simples, trabalhador, fiel e corajoso, e muito desconfiado em relação ao que vem escrito nos livros.

É estimado por todos, patrões e peões e, ao perder seu filho e seu neto nas guerras, continua vivendo sua vida porque não há nada que se possa fazer a não ser isso mesmo. Pode-se perceber nesta personagem a grande energia, persistência, coragem e ludicidade do homem daquela região sulina, formado pelo casamento de portugueses e índios, em intensa luta pela sobrevivência.

Temos ainda, em oposição ao Fandango, Roque Bandeira ou Tio Bicho, amigo da família Terra Cambará, que, por ser muito feio, recebeu esse apelido por parte das crianças. É um intelectual solitário e anarquista, com uma posição cética em relação a tudo que tem um cunho confessional ou religioso. Resume a formação da nação brasileira, dizendo que somos herdeiros de dois Pedros, com tendências opostas: Pedro Malazarte e D. Pedro II. O primeiro, malandro inconsequente, brincalhão e sem moral. O segundo, inteligente, culto, nobre e honesto em suas ideias e atitudes. Esta afirmação representa provavelmente a posição de Érico Veríssimo em relação à formação da atitude nacional por excelência. Juntamente com a descrição do papel da mulher na família, forte e dominadora de um lado e sensível e angustiada por outro, as duas descrições compõem uma imagem do que teria sido a construção da alma brasileira, pelo menos no que se refere àquela região do Rio Grande do Sul.

Veríssimo enfatiza a personagem de Dr. Rodrigo na segunda e na terceira partes da narrativa "O retrato e o arquipélago", que descrevem os acontecimentos durante os anos de 1909 até 1945.

Demora-se em seu percurso, provavelmente também porque viveu numa época mais atual, sobre a qual existem muitos documentos e notícias de fatos ao alcance do escritor. Mas, também, por ser um retrato bastante adequado quando se pensa nos traços que delineiam a alma brasileira com suas luzes e sombras. Representa o homem generoso, lúdico, apaixonado, heroico, mas também desmoralizado, infantil, sombrio e perverso. Rodrigo não encontrou dentro de si os recursos para a apropriação de seus inúmeros aspectos positivos, nem para o confronto efetivo com sua sombra. Talvez lhe tenha faltado uma imagem paterna mais próxima e afetiva, que o teria ajudado na autorregulação de suas qualidades. Um desperdício de potenciais, como tantas vezes temos a oportunidade de presenciar em nossa história brasileira.

Por outro lado, a presença do feminino nesta saga é um misto de submissão e dureza, sensibilidade doentia e autoritarismo, não propiciando a relação com um grande amor que, por um lado, poderia manter o homem protegido de suas paixões e, por outro, o conduziria a uma grande realização interior, a uma conjunção superior. O que resulta dessa dupla falta é a vida se desenrolando entre experiências opostas de ligações imaturas e bravatas ideológicas, levadas tão a sério que roubavam a vida de milhares de homens gaúchos de boa-fé.

A caricatura de um feminino frágil ou duro e de um masculino pueril ou heroico revela uma integração de opostos ainda insuficiente nesta narrativa de *O tempo e o vento*. A distância entre a dimensão carnal e a psíquica persiste. Jung diz em outro contexto, mas oportuno aqui: "Em última análise, ambos buscam um relacionamento psíquico porque o amor necessita do espírito e o espírito do amor para se completarem" (JUNG, OC 10, § 269).

Também em nosso tempo, tanto o logos quanto o eros, tanto a dimensão material quanto a espiritual precisam estar enraizados na essência do ser humano para atingirem um grau pleno de diferenciação. Quando isto tiver sido alcançado, o melhor dos dois níveis de expressão estará a serviço do todo.

Referências

EDINGER, E. *Anatomia da psique*. São Paulo: Cultrix, 1995.

JUNG, C.G. *Arquétipos do inconsciente coletivo*. Petrópolis: Vozes, 2000 [Obras Completas, vol. 9].

VERÍSSIMO, É. *O tempo e o vento* – O arquipélago. Tomos 1-3. Porto Alegre: Globo, 1962.

_____. *O tempo e o vento* – O retrato. Tomos 1-2. Porto Alegre: Globo, 1951.

_____. *O tempo e o vento* – O continente. Tomos 1-2. Porto Alegre: Globo, 1950.

II
A ALMA BRASILEIRA AFRICANA

1 Uma breve análise psicológica de Exu

*José Jorge de Morais Zacharias**

Dizem que Exu é aquele que vai ao mercado comprar azeite e retorna levando-o em uma peneira – e nenhuma gota se perde. Dizem que Exu mata um pássaro ontem com a pedra que lançou hoje.

Exu subverte a ordem, do espaço e do tempo, ordem necessária à consciência que é fundada no contínuo espaço, tempo e causalidade. Exu transita além dos limites da consciência e além do bem e do mal. Dizem que certa vez disse para a lua – vá brilhar no dia! E para o sol – brilhe à noite! E tudo se confundiu até que Oxalá restituiu a ordem das coisas.

Princípios estruturantes e desestruturantes, unidade e diversidade, centro e periferia, Oxalá e Exu comungam dos primórdios, do início do mundo, da natureza intraduzível de Olorum, a divindade suprema.

Como Exu é aquele que subverte, é o que contradiz a lógica formal estabelecida, podemos iniciar pelas considerações finais, ou terminar pela introdução, neste contexto simbóli-

---

* É psicólogo, mestre em Psicologia Escolar e doutor em Psicologia Social pela Universidade de São Paulo (USP), analista didata pela Associação Junguiana do Brasil (AJB/Iaap). Autor de obras sobre tipologia e psicologia da religião, autor do inventário de tipos psicológicos Quati, docente universitário atualmente na Unipaulistana, é músico e organista.

co tanto faz, pois a palavra Exu significa, em yorubá, esfera (CACCIATORE, 1977).

Introdução ou considerações finais

Exu é um caleidoscópio, tem muitas facetas, e é continente de todas as possibilidades. Contradição dinâmica que evita a cristalização e estagnação das coisas. Executor das ações de homeostase, também é a divindade da comunicação, do embuste e executor da justiça, tem parentes em várias culturas e épocas. Transformador psíquico, Mago que declara a verdade no deboche, na sátira e na ausência de lógica. Porteiro regulador entre mundos, psicopompo condutor das almas e bode expiatório, acolhendo a maldade e os medos humanos. É diabo que representa a assombração, a sexualidade, a sensualidade, a agressividade, a alegria, a boemia, a malandragem que não encontrar lugar no contexto ascético judaico-cristão.

É o diálogo possível entre o rejeitado e o aceito, o condenável e o louvável, entre as virtudes e os vícios. É a tênue linha que separa o certo do errado, o bem do mal, a mente e o coração, o vivido do porvir e o consciente do inconsciente. Diante dele tiramos a *persona* e podemos nos ver nem bons nem maus, somente humanos (ZACHARIAS, 2010).

Conta um mito da criação que o deus supremo cósmico (Olorum/Olofim) envia Oxalá/Oduduá para a criação do mundo e da humanidade, e Exu participa desta criação diversificando e ampliando as possibilidades. Podemos imaginar esta relação de Olorum/Olofim, Oxalá/Oduduá e Exu em uma imagem na obra de Blake (a criação); em que Deus constitui um compasso entre os dedos, desenhando um círculo no cosmos. Olorum/Olofim é quem segura o compasso, enquanto o ponto de apoio e centralização é Oxalá/Oduduá e a outra ponta, a que se expande no universo perfazendo um círculo, é Exu, que percorre todo o mundo (ZACHARIAS, 2010).

Olorum é inacessível, só o percebemos a partir de duas expressões polares de manifestação, a unidade centralizadora e estruturante (*coagulatio*); e a diversidade múltipla, expansiva e multifacetada (*solutio*). Algo que, podemos afirmar, não é uno e nem múltiplo, é um possível além da polaridade um e dois.

O excesso de concentração tende a formar uma *persona* rígida. Parece mais criativo buscar a integridade, o diálogo de instâncias psíquicas, que é um processo para toda a vida. A tentativa de tornar-se perfeito, baseada em um código externo e social, pode levar ao conflito neurótico.

Por outro lado, o excesso de rebeldia e insubordinação ao instituído dificulta a existência dos indivíduos em sociedades e grupos, a construção de um sistema ético e moral que possa organizar uma cultura e a realidade imediata. Este excesso pode levar ao conflito psicótico (JUNG, 1987).

A patologia está em se fixar em uma ou outra polaridade, o curso da vida exige a dinâmica necessária para que ela aconteça, o ego deve manter contato consciente com a natureza e a cultura em sua própria essência.

Exu nos convida a caminhar pelo mundo, por outros mundos além do conhecido. Loki, Hermes, Ganesh e Exu têm muito em comum, na sua representação simbólica e função psíquica nas diversas culturas. Exu convida a subverter o estabelecido, para evitar a cristalização. Por isto podemos iniciar pelo fim, para oferecer ao leitor uma pequena experiência nos caminhos de Exu.

Exu na umbanda

Na umbanda Exu se mostra portador do rejeitado, a possibilidade de integração entre opostos irreconciliáveis. Apesar disto, está sujeito a Oxalá, pai de todos os Orixás, que determina a Lei do Retorno, o *karma* e a caridade, limitando a ação e Exu.

Em meados de 1907 surge na cidade de Niterói a primeira tenda espírita de umbanda. Este fato deveu-se a uma dissidência em um centro espírita kardecista. Como era de prática comum nas comunidades kardecistas, que já havia se espalhando pelo Brasil desde 1865, as entidades ou mentores espirituais sempre eram compostos por espíritos de brancos, europeus ou de cultura europeia, e de preferência letrados, como André Luiz ou Dr. Fritz (ZACHARIAS, 2010).

O *médium* Zélio Fernandino de Moraes funda, em 16 de novembro de 1908, a Tenda Espírita Nossa Senhora da Piedade em Niterói, o primeiro terreiro oficial de umbanda (MIRANDA, 2008). A umbanda nasce como uma religião sincrética com forte influência do culto católico popular aos Santos, do culto aos Orixás, de rituais indígenas e da moral e prática de consultas e passes do kardecismo.

A umbanda apresenta a incorporação de caboclos (indígenas e mestres do mato), pretos-velhos (negros escravos), boiadeiros, baianos, ciganos, crianças, marinheiros e exus, não são entidades europeias como no kardecismo ou Orixás como no candomblé. Neste contexto, o exu presente na umbanda não é o Orixá Exu, uma vez que Orixá é uma divindade, os exus da umbanda são pessoas falecidas de índole mais perversa e tendem a continuar a fazer maldades; mas alguns desses espíritos decidem resgatar suas faltas e tornam-se o que é denominado por exu de lei, ou exus guias e guardiães que, atuando com os aspectos mais tenebrosos da vida humana, o fazem para o bem, seguindo a lei da caridade, base ética da umbanda (ZACHARIAS, 2010).

Em virtude destas questões, Exu algumas vezes passou a ser associado ao diabo cristão. Suas imagens representam seres fantásticos de pele vermelha, chifres, rabo, pés de cabra, tridentes, capas pretas, esqueletos e outras formas distorcidas do ser humano, fazendo referência a aspectos de animalidade, ferocidade ou à morte como putrefação. Ou, ainda, apresenta-se de cartola, bengala e cavanhaque, a exemplo do diabo teatral, uma espécie de Mefistófeles. Estas são representações de Exu na umbanda, por forte influência do cristianismo católico que a compõe.

Um ponto cantado diz: "Exu, exu Tranca-Ruas, me abre o terreiro; me tranca a rua" (ALVA, s/d). Este é um canto de abertura da sessão, pedindo a Exu que atue como guardião dos trabalhos, abrindo caminho para o contato com o Sagrado e impedindo que da rua cheguem perturbações. Evidencia a função de Exu como intermediário comunicador entre os humanos e o mundo sobrenatural.

No princípio da umbanda Exu não tinha uma conotação tão trevosa, associada ao diabo judaico-cristão, mas gradualmente Exu foi sendo o depositário dos conteúdos sombrios e rejeitados pela cultura cristã: o mal, a materialidade, o feminino e a sexualidade, como diz Dourley (1987). Esta transformação levou Exu a representar principalmente três aspectos da cultura judaico-cristã dissociados da espiritualidade. São eles a agressividade violenta, a sexualidade e a malandragem, tendo como outros campos as experiências humanas terríveis como a morte, a doença e o mal.

Com o passar do tempo, muitos terreiros de umbanda associaram Exu ao diabo judaico-cristão, e hoje podemos ver sua representação demoníaca em cânticos, nomes e imagens. Desta configuração originou-se a quimbanda, segmento religioso dedicado somente ao culto de exus.

Alguns cânticos dizem: "Ai, ai, ai, valei-me sete diabos, Exu Brasa é um diabo!" ou "Lalu era anjo do céu, e do céu foi despejado. Na tronqueira da calunga, tem seu trono confirmado", ou ainda "Satanás, Satanás, Lúcifer é Satanás, é um Exu é Satanás [...]" (*3.333 pontos riscados e cantados*, 2006). Referências muito claras aos aspectos sombrios do cristianismo, o Diabo.

Além das figuras masculinas de Exu há também mulheres de pele vermelha, chifres, exibindo lascivamente o seio nu. Estas são as Pombas-Gira, exus femininos especialistas em amores proibidos, amarrações, separações e assuntos ligados à sexualidade convencional ou não. Um de seus cânticos diz: "A porteira do inferno estremeceu, as almas correm para ver quem é. Deu uma gargalhada na encruzilhada, é a Pomba-Gira e 'seu' Lucifé!" (*3.333 pontos riscados e cantados*, 2006).

Depositário da maldade humana no contexto da umbanda cristã, com o tempo Exu foi associado ao diabo, a Lúcifer e a Satanás, figuras estranhas ao candomblé, matriz religiosa original de Exu. Mas, mesmo na umbanda, não foi sempre assim. Nos primórdios da religião a maldade permanecia com o indivíduo, não era projetada a tal ponto em Exu. Embora fosse ele a trabalhar com esta maldade (sentimentos de ódio, vingança, desejo erótico) trazida pelo consulente. Podemos observar o que foi dito quando observamos os pontos cantados para Exu nos primórdios da umbanda. Vejamos a letra de alguns pontos desta época:

Ponto de Exu Tranca Ruas, década de 1940
Salve ele que segura a nossa banda,
E que traz a nossa luz.
Ele é empregado de Ogum,
E nos traz uma mensagem de amor.
Por isso nós vamos cantar e bater palmas,
Pra Seu Tranca Rua das Almas,
Nosso amigo e protetor.
Com licença de Oxalá,
Com o calor de nossas palmas,
Seu Tranca Ruas das Almas,
Vem na luz e Oxalá (MIRANDA, 2008).

O mesmo ocorreu com a figura da Pomba-Gira, que originalmente traduzia mais o galanteio e o romantismo próprios de uma época.

Ponto da Pomba-Gira Dona Sete, 1957
Subindo para o alto da colina,
Encontrei uma casa linda, com uma moça formosa.
Era Pomba-Gira com sete rosas amarelas na mão.
Era Dona Sete, moça bonita,
Que nos dá sua bênção.
Sua meta é a bondade com amor e humildade,
Praticar a caridade.
Filha de Seu Omulu vem trazendo sua luz,
Para os filhos de Jesus (MIRANDA, 2008).

Como podemos observar, a figura de Exu presente na umbanda surgiu com uma aura de luz, embora tivesse como função trabalhar os aspectos mais sóbrios da personalidade humana, mas ainda integrados no eixo da totalidade sem a cisão bem e mal própria do sistema cristão. Vale lembrar que no kardecismo, no candomblé, na umbanda e nas religiões indígenas não há a presença de uma figura malévola por natureza como o diabo cristão. A associação feita pelos umbandistas de Exu com o diabo ocorreu posteriormente (ZACHARIAS, 2010).

Exu no candomblé

Sem Exu nada se pode fazer, pois é responsável pela comunicação entre o mundo humano e o divino, levando e trazendo pedidos e oferendas, traduzindo os oráculos de *Ifá* e expressando a vontade dos deuses nos jogos divinatórios (CACCIATORE, 1977).

Sendo mais um princípio do que uma figura pessoal, Exu é o Orixá que participa da criação e é considerado um Orixá entre outros. Outro aspecto de Exu é sua individualidade, uma vez que cada pessoa tem seu Exu pessoal. Além disto, há o Exu guardião de um local ou de um caminho. Diferente dos demais Orixás, o campo de atuação de Exu é ilimitado, ele é genericamente um, mas com múltiplas facetas dependendo da função exercida (MARTINS, 2005). Várias tradições deram a ele nomes diferentes, como *Elegbara, Bará, Pombonguera* e *Aluvaiá* (CACCIATORE, 1977).

Originalmente Exu é conhecido como um Orixá masculino, provido de um grande falo de madeira chamado de *opa-ogó*, representando a truculência e irreverência, bem como a fertilidade que é resultada da comunicação e interação entre os princípios masculino e feminino, elemento que o aproxima do grego Príapo (MARTINS, 2005). Na qualidade de *Trickster* é moleque, brincalhão e zombeteiro, malicioso e arrogante; como protetor dos ladrões e arruaceiros e senhor do mercado apresenta um aspecto mercurial, sendo coerente somente com sua própria incoerência.

Um dos mitos da criação diz que Olorum/Olofin (senhor do firmamento e da lei) reuniu os sábios do *Orum* (céu) para que o auxiliassem na criação da vida sobre a terra. Esta reunião não obteve sucesso, pois cada um dos participantes tinha uma ideia diferente e sempre encontrava um inconveniente na proposta do outro. Quando os sábios e o próprio Olofin estavam a ponto de desistir desta tarefa, Exu surgiu com uma solução. Seria necessário sacrificar cento e um pombos como *ebó* (oferenda) para purificar as diversas anormalidades que impediam o sucesso da empreitada. Ao ouvi-lo Olofim ficou perturbado, pois a vida dos pombos está intimamente ligada à sua própria existência. Mesmo assim consentiu pelo bem de seus filhos e pela primeira vez se sacrificaram pombos. Exu guiou Olofim em todos os lugares em que deveria verter o sangue dos pombos, e assim Exu participou da criação do mundo (PRANDI, 2001).

A criação do universo ocorre a partir de um ponto original e em desdobramentos sucessivos origina tudo o que existe em níveis de existência com fenomenologia própria para cada nível. Esta fenomenologia pressupõe sistemas e centros independentes entre si, mas constantemente interativos e interdependentes na atração ou repulsão. Podemos observar esta dinâmica desde a mitologia dos deuses com eventos de colaboração ou conflito, e até na natureza, igualmente conflituosa e cooperativa. Estas narrativas de criação em muito se aproximam às ideias gnósticas surgidas no início do cristianismo (HINNELLS, 1989).

Ampliando a imagem do número 101 teremos o zero no centro – início e origem de tudo, porém não existente na realidade, apenas potência infinita; o zero origina o um, primeira manifestação existente do infinito. A partir daí surge o duplo um, a manifestação existente em dois lados, direito e esquerdo – mundo conhecido e não conhecido, céu e terra, luz e sombra, consciente e inconsciente, par de opostos base da homeostase natural e psíquica. A criação somente foi possível a partir dos desdobramentos do Deus Supremo que traz à luz o cosmos a partir de Si-mesmo.

Neste mito podemos vislumbrar uma das mais importantes funções de Exu, a de dar início ao dinamismo criativo em oposição à centralização e estabilidade. Para a criação era necessário que se criasse um dinamismo contrário à estabilidade existente no mundo dos Orixás Funfuns (brancos, Orixás dos princípios), o que incluía o autossacrifício do uno em múltiplo. Como foi dito acima, Exu rompe os limites do estabelecido, possibilitando que o Deus Supremo se expandisse em toda a sua criação.

Exu é o primogênito da criação e o mensageiro dos Orixás, quem abre e fecha os caminhos, portanto, senhor das encruzilhadas, portador da fortuna ou do infortúnio. Como princípio criador, Exu também expressa a consumação de tudo o que foi criado.

Duas lendas contam que Exu resolve devorar todas as coisas que existem, começando por alimentos, passando por animais e plantas, até sua própria mãe. Frente a esta ameaça, Orunmilá, seu pai, parte em seu encalço com uma espada e, a cada encontro com Exu, corta-lhe uma parte do corpo; esta perseguição se estende aos nove níveis do Orum (céu), portanto ele é cortado em 201 partes. Ao chegar ao último nível eles fazem um acordo e Exu devolve tudo o que havia devorado, inclusive sua mãe, com a promessa de que sempre seria servido primeiro (MAKINDÊ, 2006; PRANDI, 2001). Diferentemente dos 101, cuja somatória mantém em tensão conflitante os opostos, o número dois; o 201 gera o três, que prenuncia a estabilidade possível para a existência de algo e os pontos necessários para se criar o plano em geometria e o mundo físico estável. A extrema fome de Exu lembra o conceito de física contemporânea de matéria e antimatéria, e na psique as mesmas forças que criam a consciência podem devorá-la.

Como Exu auxiliou a criação cósmica, ele mesmo tenderá a aniquilá-la, como um buraco negro. Exu, o próprio dinamismo psíquico que permeia todas as instâncias psíquicas, participa da construção ou rompimento da consciência através de forças progressivas e regressivas. No mito somente Orunmilá, princípio centralizador e dono de todos os destinos, é quem põe termo à fome insana de Exu. O movimento enantiodrômico de Exu, ampliar e contrair, deve ser contido pela centralização necessária a certa estabilização do universo criado. Se em um primeiro momento ele participa da criação promovendo sua expansão, em outro se torna quase como um buraco negro, absorvendo tudo o que foi criado. Se não houvesse a intervenção de divindades estabilizadoras e centralizadoras como Olorum, Orunmilá e Obatalá, não existiria a estabilidade necessária para o desenvolvimento da vida. Exu, o intenso, o dinâmico, participa tanto das forças progressivas quanto das regressivas da psique (ZACHARIAS, 2010).

Por conta desta tendência de desestruturar e inverter o que existe, Exu deve ser alimentado sempre e antes de qualquer atividade. Uma vez aceita, reverenciada e reconhecida a tendência regressiva da psique, pode-se garantir que as forças progressivas atuarão sem o risco de fracasso ou instabilidade. Não podemos contar com a certeza de que as empreitadas chegarão a bom termo. Se negligenciarmos Exu as possibilidades do inusitado e do fracasso serão maiores. Reconhecer que a psique tem seu próprio dinamismo, que pode ser fortemente destrutivo e regressivo e lhe dar a atenção necessária, poderá nos resguardar do desastre anunciado (ZACHARIAS, 2010).

Podemos conjecturar que no uno há o princípio do múltiplo, assim como no múltiplo há o princípio do uno. Em termos psicológicos este princípio dinâmico complementar permite ao Si-mesmo sua fenomenologia múltipla ou una, dependendo da necessidade da psique individual ou cultural.

Apesar desta equivalência, parece ser igualmente verdade haver certa predominância do princípio da estabilidade sobre a mutabilidade. Podemos entender esta prevalência em função da necessária estabilidade da criação, conferindo ao mundo o sentido de continuidade e estabilidade, estabelecimento do Ego como realidade contínua e unilateral da experiência consciente.

Quando Olofim cria o universo necessita da atuação diversificadora e mutável de Exu para que as múltiplas possibilidades da criação fossem manifestas. Quando Obatalá/Oduduá cria o mundo humano e as pessoas, necessita da estabilidade para que se estabeleça a continuidade da existência, a permanência dos motivos e a unilateralidade na manifestação dos fenômenos. Assim pensando, a atuação do *Self* é pluralista em relação à totalidade da psique e centralizadora em função da estruturação do Ego. Como já foi discutido anteriormente, podemos perceber que mesmo em culturas politeístas a prática individual religiosa é a da monolatria, a eleição de um ou mais deuses como imagem de adoração pessoal, apesar de se reconhecer a grande quantidade de outros deuses (ZACHARIAS, 2010).

Um dos mitos mais conhecidos conta que dois amigos sempre trabalhavam juntos e há muito tempo a estima entre eles era grande. Antes de se dirigirem ao trabalho era comum saudarem Exu para que todo o trabalho corresse de forma correta. Certa vez eles estavam tão preocupados com suas próprias atividades que se esqueceram de saudar o Orixá dos caminhos. Exu decidiu vingar-se! Vestiu um gorro de duas cores, de um lado preto e de outro vermelho, e passou por um caminho que ficava entre o campo dos dois amigos, saudando cada um efusivamente. Quando os amigos se encontraram mais tarde comentaram sobre o estranho que passou pelo campo deles. Um dos amigos afirmou que o homem usava um gorro preto, ao que o outro retrucou: Não! Era vermelho! Estava implantada a discórdia entre eles. A discussão levou os amigos a se engalfinharem em uma briga séria. Enquanto isto, Exu ria a valer, estava vingado! (ZACHARIAS, 2010).

Exu transita sempre pelos limites da realidade e do absurdo. Mantém a homeostase e a dinâmica psíquica em funcionamento, opondo-se a qualquer evento que comprometa esta dinâmica. Na narrativa acima, Exu mostra, de maneira cruel, a necessidade de se conhecer ambos os lados de qualquer coisa. A unilateralidade, própria da consciência, deve ser relativizada com os conteúdos do inconsciente, para que se obtenha a integridade psíquica.

É comum ocorrer que pessoas muito comprometidas com sua vida consciente sejam surpreendidas por eventos que desestruturam seu frágil equilíbrio emocional. Nestas ocasiões sempre estará presente Exu para restabelecer a integridade psíquica e, enquanto o indivíduo tenta lidar com neuroses, pânicos ou sumarizações, Exu se diverte!

Outro mito conta que, após oito gerações de opulência na cidade-estado de Oyó, o rei deixou de frequentar o mercado, sinal claro de que ele estava doente. A enfermidade do rei não melhorou e nem piorou, e por isto o reino foi definhando aos poucos, a exemplo de várias outras lendas que vinculam a saúde coletiva do reino à saúde do rei. As lavouras não produziam e as mulheres não pariam, houve seca e fome naquele lugar. Os sábios de várias cidades foram convocados para resolver o problema, porém sem sucesso. Quando tudo parecia perdido chegou a Oyó um andarilho de sorriso debochado, trazendo um bornal, uma pequena faca encurvada, fumava cachimbo e tinha um gorro preto e vermelho.

Ao chegar ao mercado os anciãos lhe perguntaram quem era e para onde ia. Ele respondeu: "Não sei se hei ido ou se fui havido; mas irei ser e serei ido!" Como a recepção não foi agradável, Exu disse que esta não era a forma de Oyó, a soberba, a orgulhosa, receber os estrangeiros. Quando informado sobre a doença do rei, Exu dá uma gargalhada e diz:

> Eu sou andarilho antigo. Venho de andar muitas léguas. A terra é do meu tamanho. O mundo é da minha idade. Não há números para contar as proezas que fiz no tempo em que tenho andado. Colhi mel de gafanhoto, mamei leite de donzela; esquentei sem ter fogueira; já fiz parto de mulher velha; emprenhei recém-nascida; trago a cura das moléstias e as perguntas respondidas... (MUSSA, s/d, p. 49).

Esta fala de Exu já demonstra que ele representa a inversão da lógica, a contravenção do estabelecido, se assim for necessário para estabelecer a Lei e o equilíbrio.

Exu diz aos anciãos que tudo tem um preço, ao que estes respondem que Oyó, a soberba e justa, saberá recompensar o estrangeiro. Qual seria o preço de Exu? O que tenha a maior grandeza e caiba na menor medida. Em três dias o rei recuperou a saúde e no terceiro dia dirigiu-se ao mercado e mandou chamar o andarilho que o havia resgatado das garras da morte. O rei ofereceu primeiramente cem partes de marfim, depois mais trinta facas de ferro, mais dez partidas de contas de vidro, mais cinquenta escravos e a todas as ofertas Exu dizia que era pouco e não cabia em seu bornal.

Mesmo quando o rei ofereceu todo o reino, Exu respondeu da mesma maneira, e acrescentou: "não pode viver quem deve a vida, eu quero a cabeça do rei!" O rei ficou indignado, como pode alguém que veio curar exigir como pagamento a morte após salvar o doente? É muita infâmia, uma ingratidão! Exu respondeu: não é nada disto, é somente o preço. Caminhou em direção ao rei e decepou lhe a cabeça, meteu-a no bornal e, antes de sumir na estrada, deu uma gargalhada e disse: "*Ko si oba kan, ofi Olorum!*" Não há rei senão Deus. E ele tem razão (ZACHARIAS, 2010).

Nesta narrativa Exu interfere favoravelmente para restabelecer a saúde. No entanto, diferentemente de outras lendas em que o rei está doente e precisa ser curado para a felicidade do reino, como o rei pescador, Oyó e seu rei se mostram como uma cidade soberba. Para além da fragilidade do poder central, a doença estava associada à arrogância e prepotência da cidade e do rei; portanto, a cidade havia entrado em um processo de inflação, de *hybris*. Este se constituía o verdadeiro estado doentio. Exu corta a cabeça do rei, ou seja, obriga-o a se humilhar frente ao poder dos deuses. Agora o reino poderia ser reconstruído sob uma nova visão mais adequada, sem os perigos da inflação, o reino que estava doente pode ser restaurado. Esta sanidade implica em reconhecer que o rei não é maior que *Olorum*, o deus supremo.

Em outra lenda, Exu encontrou um homem que tinha muitos discípulos; portanto, deveria ser um mestre, e que havia adoecido. Tendo o homem feito o *ebó* (oferenda) como prescrito pelo adivinho, mesmo assim não se curou e todos o abandonaram. Exu, porém, recebeu o *ebó* e carregou o homem até Orunmilá, que não o desprezou neste momento terrível e o curou (PRANDI, 2001). Aqui vemos a ação benéfica de Exu que promoveu a cura do homem que havia sido abandonado até por seus discípulos. A diferença das narrativas indica que este homem, embora um possível mestre, não incorreu na *hybris* e seguiu humildemente a todas as indicações que o oráculo lhe fez. Não inflou, mas deu de si em oferenda e Exu foi o único a ampará-lo.

Todo o tempo e atividade que a consciência despende em conhecer e integrar os conteúdos do inconsciente serão recompensados com o acréscimo de energia e criatividade, que do inconsciente podem emergir, fertilizando a vida consciente e ampliando seus horizontes. No mundo dos deuses e do inconsciente a manutenção da homeostase exige uma relação e trocas, que evidenciam o diálogo respeitoso entre estas instâncias psíquicas. O acesso a toda divindade requer uma oferenda por parte do ego, reconhecendo a amplitude dos conteúdos que povoam a psique para além dos limites da consciência.

Quando a energia psíquica fica presa em algum complexo do inconsciente ou mesmo nas resistências do ego, um vetor dinâmico do Si-mesmo põe em movimento outros complexos da psique, e até mesmo eventos externos sincrônicos, para que, no embate entre estes elementos, a homeostase se restaure e o sistema psíquico se dinamize.

Podemos entender o Si-mesmo em dois aspectos: um estrutural, estabilizador e centralizador; e outro, como um vetor dinâmico, funcional, desestabilizador e descentralizador. Como no mito narrado no Antigo Testamento, em que *Javé* é questionado a respeito da estabilidade ingênua da fé de Jó por

Satã (JUNG, 1991). Ou, ainda, podemos evocar a ideia do *simia Dei*, o macaco de Deus, associado a elementos mercuriais e presente em contos de fadas como um herói negativo, um tanto estúpido ou palhaço (JUNG, 2000).

Assim, podemos ver que Exu não atua diretamente, mas indiretamente, induz, seduz, conduz. Ele pode promover projeções e criar situações entre as pessoas em que conteúdos ocultos se revelem, muitas vezes, destituindo a consciência de seu controle da energia psíquica e mesmo revelando aspectos sombrios submissos à *persona*.

A estratégia é a principal atividade de Exu. Dificilmente ele interfere diretamente em uma situação, prefere arquitetar planos mirabolantes para atingir seus objetivos. Montando o cenário, basta esperar que as personagens interpretem seus papéis. Sua proximidade com Orunmilá, o senhor do destino, concede a Exu esta habilidade, e nos possibilita perceber qual o desfecho de uma situação quando estamos sintonizados com ele.

O segredo está em compreender qual a trama que Exu está armando para restaurar o equilíbrio. Neste sentido o Orixá fornece uma visão teleológica de um caso, principalmente quando o processo analítico se desenrola no sentido de um desfecho previsível (ZACHARIAS, 2010).

Outros parentes

O dinamismo psíquico personificado por Exu na cultura nagô tem correlatos em várias culturas e lugares do mundo.

Hermes, deus mensageiro, era filho de Zeus e de Maia, a mais jovem das Plêiades. Como deus, tem no caduceu de ouro seu principal instrumento, assim como Exu porta o *Opá Ogó*, porrete em forma fálica (PRANDI, 2001).

Em Hermes ou Mercúrio estão associadas as atividades de astúcia, ardil e trapaça, companheiro e amigo, protetor dos ladrões e dos comerciantes. Aprecia misturar-se ao povo, e viver entre as pessoas ao invés de permanecer no Olimpo. É representado como protetor dos viajantes, e por isto tornou-se um deus protetor dos caminhos e estradas. Igualmente Exu é considerado o dono do mercado, é o mais próximo dos Orixás e convive entre as pessoas participando da intimidade humana. Ambos apresentam, ainda, a função de mensageiros e comunicadores entre os deuses e os humanos, transitando em todos os lugares, nos céus, na terra e nos *ínferos*.

Também podemos evocar Toth, famoso pelos grandes conhecimentos, atingindo o *status* de guardião dos arquivos divinos, e emissário e escriba dos deuses. Compreendia os meandros da psique humana e, em função disto, participava da avaliação da alma dos mortos. O Livro dos Mortos o representa como advogado da humanidade por causa de sua íntima relação com a alma humana (DAMASO; HENDGES & CASTRO JÚNIOR, 2007).

Um dos mais populares deuses venerado pelos hindus é Ganesha ou Ganesh, possuindo cerca de noventa manifestações por toda a Índia, conhecido também por Ganapathi.

A ele é atribuída a habilidade de abrir caminhos, de ouvir as pessoas, possuidor de grande inteligência e sabedoria, intelectualidade que discerne profundamente todos os opostos dos reinos interiores e exteriores, permanente e transitório. A simbologia de uma de suas presas quebradas se reporta ao fato de que Ganesh vai além das ilusões da dualidade aparente.

É a divindade que deve ser reverenciada no início de rituais e cerimônias antes de qualquer empreendimento, da mesma maneira que Exu. Ganesh representa o equilíbrio entre os opostos em todos os níveis da manifestação divina (DAMASO; HENDGES & CASTRO JÚNIOR, 2007).

No norte da Europa Loki é a divindade mais presente em todas as histórias dos deuses nórdicos, origem das histórias mais divertidas e das tramas mais complexas. Figura ambivalente, nem bom nem mau, foi gradativamente associado ao diabo cristão quando esta religião se aproximou da cultura nórdica.

Uma de suas principais características é a sociabilidade. Companheiro de quase todos os habitantes de Asgard, teve participação especial na criação do mundo e do próprio Asgard. Apresenta-se como um deus mais manhoso e traquina do que malvado, causando inconvenientes e sofrimentos aos deuses. Loki tem poderes mágicos, um deles é a habilidade de mudar de forma. Jan de Vries (apud DAVIDSON, 2004) identifica como a principal característica de Loki o seu talento como ladrão, roubando e trapaceando com a maioria dos deuses de Asgard.

A relação de Loki com os demais deuses é tão ilogicamente desconcertante quanto a de Exu com os demais Orixás, narrada em várias lendas. Em função destas características, Loki foi aproximado à figura do *Trickster*, figura importante na mitologia e folclore de muitas tribos norte-americanas (DAVIDSON, 2004).

Jung afirma que a pessoa culta deixa de lado a realidade do *Trickster*, lembrando-se dele somente quando as coisas dão erradas, não percebendo o movimento de sua própria sombra que esconde perigos, muitas vezes reais, para sua vida. "Não é de admirar que seja este o caso, uma vez que o reconhecimento mais elementar da sombra provoca ainda as maiores resistências no homem europeu contemporâneo" (JUNG, 2000, p. 266).

Aqui se prepara o caminho para se compreender Exu em seu aspecto mais sombrio desenvolvido pela umbanda que, muitas vezes, será associado à magia negra e ao mal.

Podemos observar que a dinâmica psíquica se encontra em vários contextos culturais e históricos onde a humanidade caminhou. O elemento dinamizador e, do ponto de vista da ordem, desagregador sempre se expressou em divindades participantes do panteão divino em diversos povos. Exu tem muitos nomes, assim como Loki.

Estas divindades tendem a ser assertivas e equilibrantes em sistemas mais ou menos integrados ou serem depositários dos aspectos tidos como malévolos em sistemas opressores e centralizadores.

Palavras finais ou iniciais

Compreender Exu em nossa cultura é um exercício de reflexão profunda que exige atenção para aspectos psíquicos contraditórios e, portanto, para conceitos aparentemente excludentes.

Os mitos originais de Exu vindos da África contam que sua participação na criação do mundo é muito importante. Embora não seja ele o criador, seu dinamismo é fundamental.

Os mitos nos remetem a perceber uma dimensão além do manifesto e não compreensível que dá início ao cosmos por dois princípios, a unidade e a pluralidade, identificados como Oxalá e Exu.

É curioso notar que no culto do candomblé a louvação aos Orixás através de cânticos e danças se inicia com Exu e termina em Oxalá, passando por todos os Orixás em ordem fixa de referência. Parte-se da periferia ao centro. Se tomarmos a serpente urobórica como imagem, podemos identificar Exu e Oxalá como a cabeça e o fim da cauda desta serpente.

Oxalá é considerado o pai por excelência e todos os Orixás o reverenciam por isto, mas o primeiro a ser reverenciado é Exu, sem ele nada se faz. Neste sentido ambos são importantes e não se pode falar em princípio e fim, uma vez que o círculo não os tem.

Tomando a ideia de que o Si-mesmo é a *Imago Dei*, podemos imaginar que o arquétipo da totalidade se expressa em unidade centralizadora e pluralidade diversificadora. Digamos, poeticamente, que, quando o Sagrado incognoscível inspira, traz a si todas as coisas e se apresenta como uno; quando o Sagrado expira expande-se em todas as coisas e se diversifica em todas as coisas. Entendendo-se o Sagrado como algo além das possibilidades de uno e múltiplo e aglutinador de ambas.

Neste sentido a psique necessita de constante dinamismo, este "respirar profundo" da alma e do Si-mesmo. Quando ocorrem cristalizações em uma das posições, entrará em ação o dinamismo contrário, oriundo do Si-mesmo para o restabelecimento do dinamismo original.

Podemos observar na história este movimento psíquico coletivo. Quando povos nômades, dispersos por regiões áridas e em contato com diversas culturas, corriam o risco de perder sua identidade, criaram sistemas monoteístas, evocando a divindade centralizadora e exclusiva do povo para manter o sentido de unidade. Como exemplo temos os povos semitas.

Por outro lado, povos agregados e seguros de sua identidade como povo desenvolveram sistemas politeístas e monolatristas que melhor representavam as experiências com a vida da comunidade.

O próprio cristianismo que, partindo de um contexto monoteísta (judaísmo) e imerso em um contexto politeísta (religiões greco-romanas) se expressa em uma infinidade de Santos intercessores, na figura da Mãe Divina e tantos outros objetos de culto. A necessidade de coesão do Império vislumbrada por Constantino recaiu na figura do papa e não de um culto estritamente monoteísta.

Se assim foi, podemos entender que os deuses e sistemas divinos surgem entre os povos em função do movimento coletivo e das necessidades culturais e psíquicas. Assim, a *Imago Dei* pode ser expressa segundo a necessidade coletiva. As figuras de *mandalas* desenhadas por pacientes psicóticos e observadas por Jung remetem a um centro. Nestes desenhos a busca do centro ordenador é fundamental. Se pensarmos que a psique está desestruturada e a consciência invadida por conteúdos inconscientes, temos um paralelo com os povos nômades, sem identidade, sem eixo interno. Neste caso o modelo monoteísta se faz necessário para a busca de coesão e centralização.

Se esta hipótese é validada para as psicoses, não seria as neuroses uma cristalização de um modo de viver a vida psíquica e, portanto, uma centralização autoritária excessiva, como uma ditadura, exigindo do povo uma rebelião? Se assim for, o Si-mesmo neste caso se expressará como a desordem, a desestruturação para restabelecer o equilíbrio. Neste caso o divino seria politeísta, cada instância pode ser um deus. Simbolicamente falando, a psicose necessita da organização de Oxalá e a neurose a desorganização de Exu.

É certo que mesmo na pluralidade há estabilidade, os mitos mostram que há uma deferência de Exu para com Oxalá, mas a estabilidade proposta é dinâmica e não cristalizada. Os excessos de regras ou de liberdade sempre são nocivos. Parece que a virtude está no caminho do meio.

Exu é instigante, transgride a norma e a forma, incomoda, subverte o rigidamente estabelecido, mas desvenda possibilidades, confere dinamismo e podemos dar boas gargalhadas com ele.

Referências

ALVA, A. *O livro dos exus*. Rio de Janeiro: Eco, [s.d.].

CACCIATORE, O.G. *Dicionário de Cultos Afro-brasileiros*. Rio de Janeiro: Forense Universitária, 1977.

DAMASO, C.R.; HENDGES, I.M. & CASTRO JÚNIOR, T. *Hermes, Tot, Ganesh e Exu*: os mensageiros dos deuses, psicopompo. Brasília: Facis/Icep, 2007 [monografia não publicada].

DAVIDSON, H.R.E. *Deuses e mitos do norte da Europa*. São Paulo: Madras, 2004.

DOURLEY, J.P. *A doença que somos nós*. São Paulo: Paulinas, 1987.

HILLMAN, J. "Psicologia: monoteísta ou politeísta?" São Paulo, 1987 [Artigo não publicado traduzido por Gustavo Gerheim e Gustavo Barcellos].

HINNELLS, J.R. *Dicionário das Religiões*. São Paulo: Cultrix, 1989.

JUNG, C.G. *Os arquétipos do inconsciente coletivo*. Petrópolis: Vozes, 2000 [OC, vol. 9].

_____. *A natureza da psique*. Petrópolis: Vozes, 1991 [OC, vol. 12].

_____. *A prática da psicoterapia*. Petrópolis: Vozes, 1987 [OC, vol. 16].

MAKINDÊ, F. 2007 [entrevista pessoal com o autor, não publicada].

MARTINS, A. *Lendas e Exu*. Rio e Janeiro: Pallas, 2005.

MIRANDA, P. *Todo mundo quer umbanda*. São Paulo: Ayom Records, 2008 [CD, registro fonográfico].

MUSSA, A. "O Mito de Elegbara". *Revista Orixás Especial*, n. 13, s.d. São Paulo: Minuano.

PRANDI, R. *Segredos guardados*. São Paulo: Companhia das Letras, 2005.

_____. *Os candomblés de São Paulo*. São Paulo: Hucitec/Edusp, 1991.

PRANDI, R. (org.). *Encantaria brasileira*. Rio de Janeiro: Pallas, 2001.

[SEM AUTORIA]. *3.333 pontos riscados e cantados*. Rio de Janeiro: Pallas, 2006.

WHITMONT, E.C. *A busca do símbolo* – Conceitos básicos de psicologia analítica. São Paulo: Cultrix, 1995.

ZACHARIAS, J.J.M. *O compadre*: uma análise possível de Exu. São Paulo: Vetor, 2010.

_____. *Ori axé*: a dimensão arquetípica dos orixás. São Paulo: Vetor, 1998.

2 Tornar-se o que se é no sentido da filosofia ubuntu africana e o sentido para a individuação na e da cultura brasileira

Lygia Aride Fuentes*

Argumento: se os negros foram depositários da sombra da cultura branca hegemônica, herdeira de um patriarcalismo exercido com a crueldade da opressão ao outro enquanto colonizado, escravizado, assassinado e subjugado, para que possamos integrar, como propõe Jung, aspectos de nossa sombra coletiva, far-se-ão necessárias uma abertura psicológica e uma reflexão ao diálogo entre luz e sombra desse fato histórico que foi a escravidão, e ainda hoje são suas consequências nefastas não somente para os afrodescendentes, mas para toda a cultura brasileira.

A busca pela igualdade, enquanto discurso, faz-se como mecanismo de assimilação desse anseio, mas, ao que parece,

---
* É psicóloga, mestre em Engenharia de Produção pela Coppe/UFRJ. Analista didata e membro do Instituto Junguiano do Rio de Janeiro. Membro da Associação Junguiana do Brasil filiada à International Association for Analytical Pychology. Docente e supervisora clínica na formação de analistas do Instituto Junguiano do Rio de Janeiro e docente na Pós-graduação *Lato Sensu* em Psicologia Junguiana da Universidade Estácio de Sá.

apenas para manter os mesmos privilégios e mudança alguma. Ou seja, sem antes valorarmos positivamente as diferenças, aquilo que se perdeu da forte e importante herança da filosofia africana, da sua visão de mundo, trazida pelos negros e que ainda nem ouvimos falar, pois sobre isso há apenas silêncio, não será possível que mudanças significativas aconteçam.

No princípio era silêncio

Para conhecermos um pouco mais sobre a matriz africana da cultura afro-brasileira é preciso quase uma investigação arqueológica, reunindo material numa perspectiva histórica e antropológica, uma pesquisa na área da linguística e da literatura à época da escravidão, de fontes documentais criminais e um pouco de ficção, pois o que encontramos é silêncio.

Silenciados foram os negros no Brasil de todas e variadas maneiras.

Segundo Orlandi (ORLANDI, 1997, p. 12), em *As formas do silêncio: no movimento dos sentidos*, esta estudiosa da linguagem se ocupa do silêncio também como ideologia, ou seja, "o silêncio liga o não dizer à história e à ideologia", e trabalha sobre o silenciamento, que já não é silêncio, mas se trata de "pôr em silêncio", e a essa dimensão do não dito, bem como a da censura, como fatos produzidos pela história com intenção que limite o sujeito no percurso de sentidos.

Buscando preencher lacunas, trabalhamos como fazemos com os sonhos numa perspectiva psicológica junguiana e passamos a recolher o material como numa série onírica. E nos perguntamos se aquilo que desvendamos seriam como que conteúdos subterrâneos, e se eles poderiam constelar novos mitos e novas forças criativas que possam iluminar os conflitos sociais da cultura brasileira.

João José Reis, autor do livro *O Alufá Rufino*, inicia a história dos negros no Brasil através de um certo Rufino José Maria, um negro malê, letrado e herdeiro da tradição islâmica, dizendo que "a história dos africanos no Brasil do tempo da escravidão, em grande parte, é escrita a partir de documentos policiais" (REIS, 2010, p. 9). O que nos faz pensar que nos dias atuais não tenha se modificado o fato de podermos recuperar a história de afrodescendentes brasileiros e o modo como foram e são tratados no Brasil, ainda pelos boletins de ocorrência policiais. Como um espelho, esse fato reflete e denuncia uma sociedade desigual que mantém os duradouros e permanentes sectarismos, resultando numa negação dos aspectos positivos e contributivos da grande população negra que fora sequestrada e escravizada para o trabalho forçado no Brasil em tempos coloniais. Então, é preciso reconhecer, como escreveu Eliane Brum, que "nenhuma violação dos direitos humanos mais básicos se sustenta por tanto tempo sem a nossa omissão" (ARBEX, 2013, p. 15).

E quando pensamos sobre o problema do racismo e da invisibilidade do contingente negro no Brasil que se somam ao sofrimento e à pobreza da população brasileira, o nosso compromisso com pesquisas sociais, econômicas e psicológicas deverá elucidar os mecanismos de sua manutenção. Nas palavras de Milton Santos:

> Os pobres e grande parcela das classes médias ganham consciência de que a manutenção do atual estado de coisas é apenas possível porque violências novas são inventadas, ainda que venham revestidas com a capa da legitimidade. Todavia, o discurso que as legitimam é cada vez menos aceito (SANTOS).

Apenas a partir de 1996, quando foi instituída a obrigatoriedade da identificação da cor da pele nas declarações de óbito, foi possível constatar que são os negros, homens e jovens, as vítimas preferenciais de assassinatos no Brasil, dados apresentados em *A cor da morte* (SOARES & BORGES, 2004).

Somente nessas duas recentes décadas abre-se, então, a possibilidade para pesquisas amplas e aprofundadas que venham dar visibilidade a injustiças, violações de direitos, entre outros tantos dados silenciados até agora. Talvez consigamos refletir seriamente sobre os problemas sociais brasileiros no que tange à desigualdade e sua relação com a cor da pele. Aquilo que intuitivamente já sabíamos, mas que negávamos à maioria dos brasileiros, o negro aprende desde muito cedo no silêncio das palavras não ditas, mas significado nos olhares como rejeição, ódio e exclusão. Ele "sabe na pele", sente na carne e na vida em sociedade, o que só agora poderá vir a ser comprovado: a violência da exclusão e da invisibilidade e sua consequente negação não acarreta apenas a não acessibilidade ao negro aos seus direitos como cidadão, mas, psicologicamente, à impossibilidade de formar sua identidade e tornar-se inteiramente realizado como pessoa, um Si-mesmo, como proposto por Jung.

Devemos, ainda, ampliar a importância desse esforço em direção à integração de aspectos sombrios para a realização da totalidade cultural com o esforço de todos os brasileiros com o objetivo de forjarmos um processo de individuação de toda a cultura.

Na área da saúde mental, no recente livro *Holocausto brasileiro*, Arbex (ARBEX, 2013) denuncia o assassinato cometido pelo Estado brasileiro de 60 mil internos no Colônia, uma instituição psiquiátrica de Barbacena em Minas Gerais durante quase todo o século XX. Passando os olhos apenas pelas fotografias divulgadas identifica-se o grande contingente negro entre os encarcerados naquela instituição que, compulsoriamente internado, cerca de 70% não tinha diagnóstico de doença mental. Essas pessoas foram sistematicamente violadas de várias formas na sua dignidade e humanidade. E, retirando-lhes também a identidade, foram violentadas e abandonadas à própria sorte/morte.

Pesquisas que levem em consideração a variável "cor da pele" poderão vir a ser esclarecedoras ao cruzar informações obtidas sobre o contingente negro e suas realidades em diferentes instituições. Sob esta perspectiva da cor da pele poderá se revelar uma cruel estatística também em presídios ou em instituições para menores infratores, e poderemos evidenciar a atualidade desse holocausto brasileiro. Nos casos de violência doméstica, aborto, violação e abuso de meninas e mulheres, moradores de rua, sem teto, sem terra, entre outros problemas negligenciados, negados, que ainda não foram estudados e estatisticamente mapeados dessa consequência nefasta e remanescente da nossa história escravista e de dominação patriarcal. Há urgência para que se faça esse desvelamento, e não nos surpreenderemos com as revelações! Para acabar com esse silêncio que é cruel e para que políticas públicas possam incluir e pautar suas ações na realidade dos fatos.

Lopez-Pedraza, em seu livro *Ansiedade cultural*, afirma que os conflitos mais profundos do homem são culturais, algo que não pode ser descartado em psicologia quando abordamos os aspectos da construção da identidade, e aqui aplicamos a sua reflexão à questão impossibilidade que se deu para a construção plena da identidade da pessoa negra no Brasil, destituída que foi de seu passado ancestral. Num dos atos mais cruéis contra os negros, arbitrado por Rui Barbosa, que foi a queima dos documentos e registros de origem dos negros que aqui aportaram. Jung em vários momentos nos mostrou o valor de estarmos *Lutando com a sombra*, título de um entre vários textos que nos fará refletir sobre o mal. Lopez-Pedraza compreende que as oposições de bem e mal no âmbito da tradição religiosa não são adequadas para abordar o tema da crueldade nos tempos atuais.

Ao aceitar a tarefa junguiana de lidar com a SOMBRA como campo de exploração, a psicologia profunda, diz o autor, deve incluir a crueldade, um subproduto da cultura e da civilização, como elemento essencial da sombra.

> Considero a crueldade como algo suficientemente acessível para ser mantida dentro de nossa consciência diária: a crueldade é cultural, e nela jaz a possibilidade de tornar-se psíquica. É como se a história mudasse constantemente nossa visão deste ponto. É impossível ter hoje em dia a mesma visão desta característica humana que se tinha há cinquenta anos: a crueldade está crescendo. Historicamente falando, Jung e seus seguidores e colaboradores trabalharam sobre esta parte da natureza humana em termos de maldade. Eles a consideraram principalmente dentro da tradição religiosa das polaridades do bem e do mal, ou do mal como parte de nossa natureza com a qual não podemos lidar e, por isso, temos de rechaçar. [...] estamos tratando de diferenciar o que pertence à parte mais obscura de nossa sombra. A agressividade é uma atitude instintiva que aparece nos conflitos do homem primitivo e, assim mesmo, no nível primitivo da psique e de nossos complexos. Poderíamos talvez empregar a palavra agressão

para algumas atitudes e comportamentos das crianças e enfermos mentais. A crueldade é um produto do homem civilizado e surge de sua ansiedade cultural (LOPEZ-PEDRAZA, 1997).

Relações de alteridade

> *Minha raça sou eu mesmo. A pessoa é uma humanidade individual. Cada homem é uma raça, senhor polícia.*
>
> Mia Couto

Se a cultura ocidental eurocêntrica pudesse se abrir, em vez de querer oprimir ou dominar, e mesmo negar projetivamente o Outro, diminuindo essa tremenda SOMBRA? E se pudesse se maravilhar com a alteridade do OUTRO?

Seguirei o convite de Lévinas que evoca um encontro com o Outro para fundar uma base dialogal: "a alteridade do absolutamente outro é Outrem". Diz ele que não uma espécie de alteridade, mas a original exceção à ordem, fazendo surgir uma relação de transcendência, de responsabilidade pelo outro, a paradoxal e contraditória responsabilidade por uma liberdade estranha, diferente, excepcional, numa relação em que o Mesmo pode ser concernido pelo Outro sem que o Outro se assimile ao Mesmo.

Fazendo dialogar Jung com Lévinas, podemos compreender e contrapor esse Mesmo ao Si-Mesmo, que é Outrem, o inteiramente outro. Lévinas afirma que "a relação com o Outro é uma abertura do si mesmo à face nua do outro" (LÉVINAS, 2002, p. 31).

Então fazemos um convite: abrirmos olhos e ouvidos para aquilo que é silenciado. Em vez de olhar apenas para um aspecto do nosso umbigo, valorizando a matriz portuguesa e europeia. Aqui se aplica o que diz Jung, pois estamos ainda em estado inconsciente e urobórico, se não dialogamos com as outras ricas matrizes brasileiras. Outros valores, outros modos de construção de relações, outros fundamentos para a construção da vida social e cultural.

Abrirmo-nos ao que ainda é silêncio para receber a, ainda, não compreendida concepção e visão de mundo de matriz africana e sua filosofia ubuntu.

Assimilação na teoria e exclusão na prática?

Jung passou seis meses na África e teve medo de certas experiências. Sentiu-se ameaçado quando entrou em contato com uma determinada tribo: "eram os negros mais escuros que já tinha visto em minha vida" (JUNG, 1984, p. 237). Jung diz ainda: "o grupo tinha um aspecto que não despertava confiança". E quando o chefe propôs que organizassem à noite uma dança ao redor do fogo, Jung sentiu-se aliviado porque pensou que ficariam em melhores termos com a tribo. À noite chegou um grupo:

> mais de sessenta homens, equipados militarmente, com lanças brilhantes, clavas e espadas, seguidos a distância por mulheres, crianças e mesmo bebês de colo [...] o coro dos homens começou a entoar poderosos cantos guerreiros [...] e ao mesmo tempo começaram a bailar. [...] os homens dançavam brandindo as armas em direção ao fogo e recuavam para avançar de novo, cantando um canto selvagem com acompanhamento de tambores e ao som de trompas. Era uma cena selvagem.

> [...] Dançando, eu brandia a única arma que possuía, um chicote de rinoceronte. [...] O ardor dos dançarinos redobrava e todo o bando batia os pés, cantava e gritava. [...] Pouco a pouco, o ritmo da dança e dos tambores acelerou. [...] os negros entram numa espécie de possessão. [...] o transbordamento começou. [...] Os dançarinos formavam uma horda selvagem e eu começava a temer pelo fim de tudo aquilo (JUNG, 1984, p. 238).

Jung teve medo da força e do poder dos negros. Teria a fantasia de ser morto e consumido antropofagicamente num ritual de assimilação? Assimilação em ambos sentidos: literal e metaforicamente. Assimilação em via dupla: medo de uma sombra constelada nos negros e de seus próprios conteúdos reprimidos? Medo do resultado da opressão do branco sobre os negros que poderiam bem querer se vingar? Sentimentos persecutórios aparecem quando a sombra está projetada, colocada fora, no outro, e assumem a forma de complexos autônomos. Vale dizer, quando os atos que ferem o outro voltam-se contra nós mesmos.

Jung, então, com ar ameaçador, mas rindo ao mesmo tempo, começa a brandir o seu chicote de rinoceronte, mas sem saber o que isso resultaria:

> [...] comecei também a gritar a plenos pulmões, em suíço-alemão, que já era o bastante e que o melhor seria ir para a cama dormir [...]. Uma gargalhada geral se generalizou e, fazendo cabriolas, todos se separaram e se eclipsaram na noite, em todas as direções. Muito tempo ainda ouvimos seus gritos e seus tambores. Finalmente fez-se silêncio e, esgotados, mergulhamos no sono (JUNG, 1984, p. 239).

Referia-se Jung ao seu medo de sucumbir? Que o seu ego/identidade, europeu-suíço-alemão, pudesse ser ameaçado e dissolvido no caldeirão negro da África desconhecida, como um certo Obelix? Igualmente esse personagem retirava toda a sua força (física/mental/cultural) de suas raízes ancestrais para resistir à invasão anglo-saxônica, para não ser colonizado ou mesmo dizimado ou extinto.

Jung teve medo da potência da cultura africana, o que o fez defender-se com todas as suas forças? Lembrou-me aquela enfática recomendação de Freud a Jung, e que ele recusara anteriormente e em outro assunto: afirmar a psicanálise e sua própria cultura a servir-lhe de baluarte contra a "negra lama do ocultismo". Entramos aqui na simbólica da cor e de suas projeções, enraizadas que estão na afirmação do que é negativo é preto.

Segundo Hillman, há um perigo na moralização das cores:

> O termo inglês "branco" caracterizando um grupo étnico ocorre primeiramente em 1604, após a percepção dos africanos como "pretos". A moralização e oposição entre branco e preto continuam até hoje na língua inglesa, já que branco equaciona-se com bom, preto com mau, sujo, imundo sinistro, o mal (HILLMAN, 2011, p. 129).

Ou poderia o ego de Jung, ao se abrir, ganhar um novo colorido? Jung teve medo da invasão de outra cultura, negra, sobre a sua psique ocidental, branca, porque estava impregnado por essa moralização das cores?

Jung escreve que queria conhecer a África não para olhar os africanos com uma visão europeia, mas perceber-se aos olhos do outro, e ele soube que o viam com desprezo.

Seria visto assim pelos negros porque fosse branco? Ou por viajar à África em companhia de ingleses, e representar, como os colonizadores, o opressor? Convidados a olhar, agora, com os olhos dos africanos, mantenhamos a imagem de Jung brandindo o seu chicote, mas também contratando homens negros para carregar suas pesadas malas. Seria visto pelos africanos como *bwana*, o chefe? E eles se ressentiriam porque o homem branco tinha ideias pretensiosas de superioridade de raça, de ser humano civilizado, de cultura mais desenvolvida?

Sentir-se-iam, os africanos, respeitados? Qual o lugar do homem africano nesse encontro? Sentiam-se valorizados e considerados em sua totalidade? Seriam respeitados pela sua presença e considerados numa relação Eu-Tu?

Segundo Martin Buber, autor de *Eu e Tu*, uma das maiores obras filosóficas acerca da convivencialidade, o homem tem duas atitudes diante do mundo: Eu-Tu e Eu-Isso. Enquanto as interações do tipo Eu-Tu se referem à convivencialidade, é presença e relação; o modo Eu-Isso nunca é uma relação, mas uma interação instrumental. "O ser humano fora do seu contexto de totalidade não pode expressar a relação Eu-Tu. E o ser humano no contexto de sua totalidade não pode expressar o Eu-Isso" (BUBER, 2011). O Isso é um objeto. Se a presença desse Outro não for considerada como um Tu, não haverá relação, e esse outro, agora um Isso, estará na condição de objeto. O outro tornado um Isso estará a serviço da projeção do desconhecido em mim. Enquanto o outro for tratado como um Isso, não será um sujeito, mas uma coisa, e, ao ser coisificado, é transformado em objeto passível de ser usado, descartado, aviltado, trocado, espoliado, assassinado, morto. Em tempo de linchamentos, perseguições e amarrações de negro em poste feito "negro fujão", naturalizado como nos tempos da escravidão, evidencia-se como está presente esse tipo de relação em nossa sociedade.

Na psicologia analítica trabalhamos com conceitos como formação do "ego" e formação da "identidade" para a construção de um "indivíduo". Segundo Jung, é a partir da experiência dos opostos que se dá o surgimento de um ego, discriminado de uma totalidade denominada por ele de Si-Mesmo, um arquétipo, uma potencialidade da totalidade da psique.

E a individuação, esclarece Jung, pede-se que se fale no gerúndio, pois que é, numa dimensão pessoal, um processo e porque estamos sempre nos individuando, tornando-nos indivisíveis, caminhando para a realização da nossa inteireza ou totalidade psíquica. E numa dimensão coletiva? A nossa cultura ocidental estaria seguindo um caminho para a individuação? A individuação é sempre e unicamente para sujeitos singulares, individuais? Há um *self* cultural e uma cultura passível de trilhar caminhos para a individuação? E quando exclui grupos étnicos, estaria produzindo ainda mais sombra? E como essa ideia de indivíduo em nossa cultura ajudou a forjar todos os *ismos* como individualismo, egoísmo? Numa cultura dirigida para a discriminação, a competição, e não para a colaboração ou para um sentido de unidade, para um sentimento de irmandade, tendo sentido uma tensão com risco de agravar-se. Ou construiremos um novo sentido de humanidade?

Sujeito, identidade, indivíduo *versus* "ser com" o Outro? Segundo Jung, individuação é a realização do indivíduo, no que se tem de específico, próprio, mas não identificado com individualismo ou egoísmo, e sim com a realização da psique (*Anima*) no mundo, mas também com a realização do mundo, como *Anima Mundi* (alma do mundo). Assim, para não cairmos nesses *ismos*, contrários à individuação proposta por Jung, caberia aqui um complemento: A realização de cada um de nós não seria também a de todos nós numa "realização com os outros" no mundo?

O jogo de opressão e poder em nossa cultura não permite caminhar nesse sentido. O poder como concebido em nossa cultura ocidental, e, se olhamos para o Brasil, joga um jogo excludente: competir, destruir o outro enquanto ameaça ou inimigo, dividir para reinar, se ele é forte desqualifique-o, isole-o, seja indiferente a ele, negue a sua realidade, sua identidade, o seu ser. Aniquile a sua autoestima, mate a sua alma. Não seria o oposto o que estamos precisando? Alimentar as potências, sim, não o poder. Mas há primeiro que descobrir as nossas potencialidades, integrando-as todas, para uma relação de alteridade com outros na sua igual inteireza.

Não está mais do que na hora de repensarmos o processo de individuação enquanto o tornar-se o que se é, tornar-se indivisível, total, inteiros, e vislumbrarmos incluir "inteiros com"? Fazendo dialogar o dinâmico processo de individuação de Jung com a filosofia ubuntu africana nos fazemos inteiros com a visão de mundo africana, na filosofia ubuntu.

As influências da língua Bantu na construção de uma identidade brasileira

Segundo dados destacados por Yêda Pessoa de Castro, assessora técnica de línguas africanas do Museu de Língua Portuguesa em São Paulo, dos escravos que foram sequestrados para o Brasil, 75% eram Bantos.

Considera-se que os Bantos, apesar de não trazerem nada material, vieram com sua herança ancestral imaterial na alma e no coração, trazendo sua visão de mundo e sua espiritualidade.

As nações que se agruparam sobre essa denominação são assim identificadas por pertencer ao grupo linguístico *Bantu* que se disseminou por vários séculos através de migrações dentro do continente africano. Daí a nossa ênfase em recuperar as influências linguísticas e filosóficas dos africanos provenientes do mundo banto-falante situados, como destacou Castro, atualmente em Angola e nos dois Congos:

> Esse contingente banto (que, originalmente, grafa-se *bantu*) era de tal ordem na cidade da Bahia do século XVII que [...] instigou o Padre Pedro Dias a escrever *A arte da língua de Angola*, uma gramática publicada em 1687, em Lisboa, como meio de instruir os jesuítas e facilitar o trabalho de catequese dos "25 mil etíopes" africanos (MELO, 2008).

Aos Bantos se somaram outros grupos africanos, posteriormente os Yorubá-Nagô, com os seus orixás e *inquices* (ancestrais), e os malês, muçulmanos nagôs, letrados e responsáveis pela grande Revolta dos Malês em 1835. Enfatizamos que, à grande importância e influência dos negros africanos que misturaram-se aos índios e aos portugueses, criou-se em *terra brasilis* o que Darcy Ribeiro define como sendo o povo brasileiro: essa mestiçagem, essa "ninguendade" no sentido de não ser nem europeu, nem negro, nem índio (RIBEIRO, 1995).

Criativamente os negros inundaram o Brasil com sua musicalidade, ritmo, iguarias culinárias, sua espiritualidade e rituais religiosos, entre outros legados. Misturando-se e reunindo uma profusão de elementos. Assim, os Bantos no Brasil ajudaram forjar, numa das maiores contribuições à construção de uma identidade nacional, um dos mais importantes fatores dessa identidade que é a língua brasileira. Através da língua Bantu de origem, dos seus vocábulos e de sua oralidade, devido à migração e à circulação pelo país, e devido ao trabalho escravo, procuram os autores de África à vista confirmar essa tese de que "os africanos e afrodescendentes não apenas foram os principais difusores da língua portuguesa no Brasil, mas foram também os formatadores da sua variante social majoritária, o chamado português popular brasileiro" (LOBO & OLIVEIRA, 2009, p. 11).

Ubuntu para curar as nossas próprias feridas, nossas cisões

Ubuntu é uma palavra zuluque que sustenta a vida espiritual das sociedades africanas. Essa filosofia, de cosmovisão unificadora, está contida nesse aforismo tradicional africano *umuntu ngumuntu ngabantu*, significando, como diz Schutte: "uma pessoa é uma pessoa através de outras pessoas", citado por Dirk L. Louw (LOUW, 2014). Essa expressão irá articular várias dimensões das sociedades africanas: respeito e compaixão pelos outros, regras de conduta e ética social, expressão da religiosidade, bem como descrever o ser humano como "ser com-outros", significando também humanidade.

Segundo Henrique Cunha Jr., na raiz filosófica africana denominada *Bantu*,

> o termo *NTU* designa a parte essencial de tudo que existe e tudo que nos é dado a conhecer à existência. O *Muntu* é a pessoa constituída pelo corpo, mente, cultura e, principalmente, pela *palavra*. A palavra com um fio condutor da sua própria história, do seu próprio conhecimento da existência. A população, a comunidade é expressa pela palavra *Bantu*. A comunidade é histórica, é uma reunião de palavras, como suas existências. No *Ubuntu*, temos a existência definida pela existência de outras existências. Eu, nós, existimos porque você e

os outros existem; tem um sentido colaborativo da existência humana coletiva. As línguas são um espelho das sociedades e dos seus meios de nomear os seus conhecimentos, no sentido material, imaterial, espiritual. A organização das línguas bantu reflete a organização de uma filosofia do ser humano, da coletividade humana e da relação destes seres com a natureza e o universo (CUNHA JR., s.d.)

Em comunicação pessoal, Bartholo nos oferece informações valiosas para uma reflexão e diálogo tanto com o pensamento junguiano quanto com o pensamento mítico, dizendo que para a filosofia ubuntu o princípio era o fluxo vital e vinculante:

a filosofia -*ntu* engloba os vivos e os *mortos-vivos* (ancestrais). Os ancestrais influenciam sua descendência, protegendo e reforçando sua vitalidade. No mundo da filosofia -*ntu* os nascimentos humanos são duplos. O primeiro nascimento é corpóreo. O segundo nascimento é a recepção de um nome. Por seus dois nascimentos a pessoa humana se torna um ser completo. O primeiro nascimento é a "união de um corpo com uma sombra" (*buzima*). O segundo nascimento possibilita através de *nommo* a "união de uma nova pessoa com o poder dos ancestrais" (*magara*).

A vida tem duração, concretude e imaterialidade. Os viventes possuem simultaneamente concretude e imaterialidade. Um vivente não **tem** (nem mais nem menos) buzima. Ele ou ela só podem **ser** buzima. Um vivente nunca pode **ser** magara. Ele ou ela só podem **ter** (mais ou menos) magara. Somente mortos-vivos (ancestrais) **são** magara.

> Para *ubuntu* o "eu" de um vivente humano é um nó contingente numa rede de conexões em fluxo onde o "nós" tem um papel central. Esta rede relacional é tríplice. Ela inclui os viventes, os ancestrais e os descendentes ainda por nascer (BARTHOLO, 2014).

Ativa e simbolicamente, não estariam os afrodescendentes impregnados também no Brasil, e ainda hoje, pela filosofia ancestral ubuntu?

Como pensar em construção de identidade, do indivíduo e da identidade cultural do Brasil sem este fermento que é o conceito de ubuntu na alma de cada africano que para cá foi forçado a vir e que não era um, enquanto unidade ou indivíduo, mas um "ser com"? Ele chegou é já era muitos, já era múltiplo e já carreava o Outro, os espíritos imateriais dos antepassados e os que ainda estavam por vir.

Sociedade e cultura não resultam de um somatório de indivíduos, mas é muito mais. Precisamos ver para além dessa materialidade, precisamos reconhecer essa energia ancestral, essa força, seu axé. Pensemos em como a força de trabalho conjunto é maior do que a força da unidade de trabalho. Esta força do trabalho que, sob o primado do capitalismo, diz-se que se pode pagar. Mas o que sabemos sobre essa força coletiva de trabalho? Como mensurar, computar e pagar monetariamente por essa imaterialidade que, segundo os afrodescendentes, vem da força dos ancestrais, que não são os mortos, mas mantêm-se vivos em seus cultos e rituais. O que resulta dessa força coletiva de trabalho no Brasil, quando os negros, cortando a cana, cantavam em *conjunto* com os seus ancestrais? Ou quando reuniam forças mesmo extenuados, alquebrados das lavouras e das minas para cultivarem os antepassados? E os seus rituais, seus tambores e seus lamentos? Essa força, conjunta, aumentava, e isso não é computável, mensurável unitariamente. À força do canto se somam a força/energia/axé que é do "ser com" as forças da natureza, com as forças dos irmãos oprimidos no cativeiro, com as forças criativas dos negros, juntavam-se, ainda, a vontade e a alegria de viver de cada um, somando-se aos ancestrais e aos que ainda virão, nesse conjunto que resulta no "ser com".

Não há como mensurar essa energia, esse axé, essa força de trabalho coletiva. Nem por isso deixaremos de estar em dívida e, ainda, que não devemos reconhê-la. Então, concluímos que nós, sociedade e cultura brasileira, precisamos pedir desculpas pelas ofensas, mas também pela não redistribuição que o benefício desta força coletiva de trabalho gerou. Ajudando a resgatar a autoestima do povo negro que construiu essa nação, atribuindo-lhes o devido valor e respeito, reconhecimento e voz, bem como promovendo ações reparadoras e redistibutivas, como nas ações afirmativas, com o objetivo de real inclusão e eliminação das injustiças e das desigualdades sociais.

Eu reconheço e declaro que fui, enquanto branca, beneficiária desse sistema que desmereceu o povo negro no Brasil, e que igualmente se aplica a todo índio brasileiro, a toda a sociedade mantida empobrecida, sem recursos como saúde, educação e tantos outros direitos de cidadãos negados. Seres humanos, que devolvamos a sua dignidade, pois que foram e ainda são considerados "objetos" descartáveis ou mantidos com aquele manto de invisibilidade que se inicia com o silêncio.

Podemos aprender com esse rico substrato cultural que é a filosofia ancestral ubuntu dos provos africanos. Que se mantém presente, essa é a nossa tese, na força do povo desse país, para resgatar uma parte da alma brasileira que poderia nos ajudar a todos a superar esse individualismo ocidental.

Segundo Louw, a filosofia ubuntu aponta ainda, e creio que podemos aprender muito em várias áreas e dimensões, um papel precioso para as relações sociais no sentido de acordos e consensos.

> Ubuntu reforça a importância do acordo ou consenso. A cultura tradicional africana, ao que parece, tem uma capacidade quase infinita para a busca de consenso e reconciliação [...]. Democracia à maneira africana não simplesmente se resume à regra da maioria. Democracia africana tradicional opera sob a forma de discussões (às vezes extremamente longas) [...]. Apesar de haver uma hierarquia de importância entre os falantes, cada pessoa recebe igual oportunidade de falar até que algum tipo de acordo, consenso ou coesão de grupo seja alcançado. Este importante objetivo é expresso por palavras como *simunye* ("nós somos um", ou seja, "união é força") e *slogans* como "uma ofensa a um é uma ofensa a todos" (LOUW, 2014 – tradução nossa).

Ubuntu é abertura e diálogo e leva em consideração um tipo de particularidade, e também de individualidade e historicidade que nos poderá ajudar a criar acordos baseados em critérios comuns. Que esse consenso, verdadeiramente trabalhado, nos inspire também a nos expor aos outros para encontrar a diferença. Para aprendermos a lidar com as diferenças na e da humanidade, da sua, e de cada um, a fim de nos informar e enriquecer a nossa própria humanidade. Assim compreendido, ser humano significa afirmar a humanidade, reconhecendo a humanidade dos outros em sua infinita variedade de forma e conteúdo. Então tornemo-nos todos humanos!

A individualidade que respeite ubuntu contradiz diretamente a concepção cartesiana da individualidade nos termos em que o indivíduo, ou o ego, pode ser concebido sem necessariamente reconhecer o outro. Nesta perspectiva, a sociedade não seria nada mais do que um bando ou uma coleção de indivíduos que existem separadamente.

Enquanto que, para a compreensão da filosofia ubuntu, a palavra "individual" significa uma pluralidade de personalidades correspondendo à multiplicidade de relacionamentos em que representa o indivíduo em questão. Ser um indivíduo, por definição, significa "ser-com-outros", e os outros encontram-se, eles mesmos, em um todo no qual eles já estão relacionados.

Segundo Louw, isto tudo parece incompreensível para uma mente cartesiana, cuja noção de individualidade agora tem que se esforçar para mudar de solitário para solidariedade, de independência para interdependência, de comunidade de individualidades para individualidade sendo com a comunidade.

No Ocidente, individualismo muitas vezes se traduz em uma competitividade selvagem. Fazendo-se superiores ao interesse comum as regras supremas de interesse individual, sendo a sociedade ou os outros considerados como nada mais que meios para fins individuais. Transformando os seres de relação Eu-Tu, como Buber definiu, em objetos de instrumentalização e dominação.

Esse individualismo está em contraste com a preferência africana para a cooperação, trabalho em grupo ou *shosholoza* ("trabalha como um", ou seja, trabalho em equipe). Existem na África do Sul, por exemplo, os chamados *stokvels*, que são empresas comunais ou empresas coletivas, bem como associações de poupança, sociedades funerárias e outras cooperativas. Esse tipo de economia é descrita como capitalismo com *siza*, ou seja, com humanidade. É, pode-se dizer, uma forma socialista de capitalismo, onde há lucro, porém nunca se isto envolve a exploração dos outros. E também os lucros são compartilhados em bases iguais. *Stokvels* são baseados no sistema ubuntu de família estendida, ou seja, todos os envolvidos devem ser considerados como irmãos e irmãs, membros da mesma família.

A percepção de ubuntu sobre o outro nunca é fixa ou rigidamente fechada, mas ajustável ou em aberto. Ele permite que o outro seja, torne-se. Reconhece a irredutibilidade do outro e nunca reduz o outro a qualquer característica, conduta ou função específica. Isto está de acordo com a gramática do conceito "ubuntu", que denota um estado de ser e um tornar-se. Como um processo de autorrealização através dos outros, esta filosofia enfatiza, realça e aumenta a autorrealização dos outros. Teríamos aqui uma nova proposta para o que denominou Jung de "Processo de individuação"?

A cultura ocidental eurocêntrica poderá se beneficiar abrindo-se também para a visão de mundo dos afrodescendentes da cultura brasileira e de sua herança filosófica ancestral e se permitir afetar-se, colocando em prática novas formas de relação, de estar com, no intuito de buscar a cura para as nossas próprias feridas, nossas cisões. E que o conteúdo que surja do silêncio esquecido emerja das sombras dessa matriz negra trazendo um encantamento, aprofundamento e integração de tantos aspectos positivos, mas ainda pouco considerados e mesmo negligenciados em nossa cultura.

Referências

ARBEX, D. *Holocausto brasileiro* – Vida, genocídio e 60 mil mortes no maior hospício do Brasil. São Paulo: Geração, 2013.

BARTHOLO, R.S. *Skokiaan ou não?* – Sobre cultura africana e sua filosofia [no prelo].

BUBER, M. *Eu e Tu*. São Paulo: Centauro, 2011.

COUTO, M. *Cada homem é uma raça*. São Paulo: Companhia das Letras, 2013.

CUNHA JR., H. *NTU* – Revista Espaço Acadêmico, n. 108, 2010 [Disponível em http://periodicos.uem.br/ojs/index.php/EspacoAcademico/article/viewFile/9385/5601].

HILLMAN, J. *Psicologia alquímica*. Petrópolis: Vozes, 2011.

JUNG, C.G. *Memórias, sonhos e reflexões*. 6. ed. Rio de Janeiro: Nova Fronteira, 1984.

LÉVINAS, E. *De Deus que vem à ideia*. Petrópolis: Vozes, 2002.

LOBO, T. & OLIVEIRA, K. *África à vista*. Salvador: Edufba, 2009.

LOPEZ-PEDRAZA. *Ansiedade cultural*. São Paulo: Paulus, 1997.

LOUW, D.J. *Ubuntu*: An African Assessment of the Religious Other [s.d.] [Disponível em http://www.bu.edu/wcp/Papers/Afri/AfriLouw.htm].

MELO, A. *Língua bantu e identidade*. [s.l.]: Fundação Palmares, 2008 [Disponível em http://www.palmares.gov.br/2008/09/75por-cento-dos-escravos-levados-para-o-brasil-eram-banto/].

REIS, J.J. *O Alufá Rufino*. São Paulo: Companhia das Letras, 2010.

RIBEIRO, D. *O povo brasileiro*. São Paulo: Companhia das Letras, 1995.

SOARES, G.A.D. & BORGES, D. "A cor da morte – Um estudo estatístico e criminológico sobre as vítimas de homicídio no Brasil". *Ciência Hoje*, 2004, vol. 35, n. 209, p. 26-31.

3 A alma ancestral africana bate à porta dos consultórios de análise
Estaremos prontos para recebê-la?

*Vivian Verônica Buck**

Nasci e cresci numa família de elite. Sou branca, judia, descendente de pai e mãe europeus, criada por uma madrasta católica vinda de uma família quatrocentona – ramo pobre. Frequentei os melhores colégios de São Paulo, os melhores salões de beleza, as mais sofisticadas butiques. Quando precisei de médicos, fui levada aos mais bem-reputados – nem sempre os mais competentes. Frequentei salas de concerto e museus. Imagino que o que me salvou da futilidade dos aspirantes à grã-finagem paulistana do pós-guerra foi minha doentia introversão, que me protegeu através da fuga para um mundo secreto e imaginário, cuja inspiração veio, em primeiro lugar, das brincadeiras infantis, e mais tarde da música barroca e da dança.

---

* É pedagoga e psicóloga clínica, analista *trainee* do Curso de Formação do Instituto Junguiano de São Paulo (Ijusp), filiado à Associação Junguiana do Brasil (AJB) e à International Association for Analytical Psychology (Iaap), com sede em Zurique, na Suíça. Trabalha, atualmente, em clínica particular na cidade de São Paulo.

Meu pai, por conta das vivências de guerra e do antissemitismo europeu, era extremamente preocupado com a segurança da prole. Por isso, ao contrário de outras crianças que moravam nas redondezas, meus irmãos e eu não éramos autorizados a brincar na rua; os companheiros que frequentavam nossa casa tinham de passar pelo crivo afiadíssimo de minha madrasta, sempre supervisionada por meu pai. Para sair, éramos sempre acompanhados de algum adulto. Nessas condições, pode imaginar o leitor, não tínhamos muitas oportunidades de interagir com pessoas que não pertencessem ao restrito grupo de amigos que frequentavam minha casa. O mais próximo que cheguei de afrodescendentes foi daqueles serviçais que trabalhavam para minha família. Atenção especial à minha querida e saudosa Nadir, uma alquimista dos quitutes, minha mãe preta, responsável por dar sabor a minhas tardes solitárias.

Meu pai era um apaixonado pelas artes plásticas, e alguns pintores e escultores frequentavam minha casa. Entre eles, Walter Levy, um judeu alemão radicado no Brasil, pintor surrealista que, na complementação de seu mundo europeu, branco e introvertido, encontrou em uma negra, extrovertida, ex-modelo de Di Cavalcanti, a parceira ideal para realizar seu impulso no sentido da *Conjunctio Oppositorum*. Exuberante, ela personificava a imagem sobre a qual o artista iria projetar a própria *anima*, de forma a fazer desabrochar sua criatividade, e, através dela, galgar os caminhos de sua individuação.

Não me lembro o nome dela, mas é certo que ela foi a pessoa negra que mais se aproximou da sofisticação esperada de alguém que desejasse carimbar o passaporte para o mundo branco das elites.

Tendo sido modelo de Di Cavalcanti, essa mulher ratificava a noção dominante segundo a qual os negros só tinham alguma chance de ser reconhecidos pelos brancos quando esbanjavam sensualidade, jogavam futebol ou dedicavam-se ao exercício da música e, principalmente, do ritmo. Àquelas alturas a companheira do amigo de meu pai já era uma mulher mais velha, mas fazia questão de afirmar a todos que havia sido modelo do grande pintor brasileiro, como se quisesse lembrar: sua trajetória era a prova do cumprimenro da profecia da cultura brasileira: isto é, no passado, a então jovem mulher havia esbanjado sensualidade. Por isso tornou-se **visível**[1] e conseguiu penetrar num mundo que, não fosse o bom humor dos anjos da criação, estar-lhe-ia vedado para todo o sempre.

É bem verdade que, desde muito cedo, fui ensinada a respeitar os negros e outros "diferentes". Estou certa de que meus pais acreditavam profundamente nos princípios que incutiam nos filhos. Nossa ingenuidade, porém, não nos deixava perceber que eles eram respeitados apenas na cozinha de nossa casa; no banco de motorista do carro de meu pai; na roça, carpindo a erva daninha na oposição perfeita à alva e bucólica paisagem dos cafezais em flor ou da rubedo sugerida pelos grãos maduros e graúdos, algum tempo antes da colheita.

Naquela época não me dava conta de que as meninas negras não se sentavam junto a mim, nas classes onde as aulas escolares eram ministradas, tampouco brincavam comigo no intervalo de recreio. Na cátedra não havia professores negros. Raramente eles se faziam presentes nas salas do Teatro Municipal, quando um grande solista acariciava nossos ouvidos com sonatas de Mozart, sinfonias de Beethoven, ou ainda

---

[1] Este termo surgirá, mais à frente, no relato de um caso de análise, que apresentarei a seguir.

quando uma grande orquestra sinfônica vinha do lado de lá do oceano para se apresentar nesta terra de além-mar.

Por tudo o que acabo de relatar, a preocupação com relação aos afrodescendentes não foi, exatamente, um tema presente em minha jornada como pessoa e psicóloga. Mas isso começou a mudar a partir da década de 1990, quando tornei-me próxima de parentes por parte de minha mãe falecida. Uma de minhas primas – não pôde ter filhos. Como sabem, para um judeu, a família representa a certeza da transmissão do legado de um povo através das gerações. Assim, o judaísmo se concentra em seus filhos.

Diante do drama da infertilidade, minha prima decidiu adotar duas crianças: a primeira – menino – havia nascido no Sul. Tinha traços europeus, pele clara, olhos castanhos, e, atendendo aos mais nobres sonhos de consumo de uma família judia, foi agraciado pelo destino com um enorme talento musical. Desde muito cedo estudou violino e transformou-se num excelente músico.

A segunda – uma menina – não se parecia em nada com o irmão mais velho. Minha prima tinha a tez morena, cabelos negros e lisos. Os responsáveis pela escolha da criança a ser encaminhada para a nova família houveram por bem designar à mãe adotiva uma bebezinha morena. Qual não foi a surpresa quando a graciosa criança foi se transformando numa menina e, mais tarde, numa adolescente com traços nitidamente mestiços:: cabelos pretos e crespos de textura espessa, nariz achatado e largo, lábios grossos e escuros, quadris e glúteos proeminentes. À medida que a menina crescia, o relacionamento entre mãe e filha se deteriorava.

Quando a conheci, Mariana estava com 15 anos. Apesar de ser uma jovem alegre e sorridente, os efeitos da profunda

Menina Sentada, 1943
Cândido Portinari
FCO: 3098
CR: 1770
Pintura a óleo / tela, 74 x 60cm

rejeição de sua mãe faziam-se notar: da escola vinham queixas da dificuldade de aprendizado, que minha tia, avó da menina, traduziu sem nenhuma dúvida, como: "Ela tem QI baixo. Não podemos esperar nada dela". Sem sucesso, tentei explicar a minha tia e a minha prima que, na maior parte dos casos, dificuldades de aprendizagem estavam relacionadas a segredos em família, à rejeição, a problemas de identidade etc. Minha família judia já havia determinado o destino da menina: **negra, feia e burra.**

A dificuldade de minha prima em aceitar sua filha mulata incomodava-me sobremaneira. Não conseguia entender como era possível que alguém que trazia tão viva na memória a história de parentes próximos de seus pais que tinham sido mortos em campos de concentração durante a Segunda Guerra, podia ser tão preconceituoso. Afinal, seus pais ainda choravam a morte de amigos e parentes mortos por causa

Cabeça de Mulata, década de 20
Emiliano Di Cavalcanti
Pastel sobre cartão, 38 x 30,5cm

do preconceito em relação à religião de seu povo. Agora, a questão era um pouco diferente. Tratava-se de um outro tipo de rejeição: a não aceitação referia-se à raça e à cor de uma jovem adolescente. A existência do racismo no Brasil não me era desconhecida. Mas nunca o havia vivenciado tão de perto.

Meu desconforto foi crescendo a tal ponto que comecei a ter um desejo incontrolável de conversar com a jovem, apresentá-la ao mundo de seus ancestrais, mostrar-lhe a música, os mitos, as tradições de seu povo. Queria torná-la consciente de que estava sendo alienada de sua história e da injustiça que isso representava. Queria incentivá-la, no sentido de assumir a parte africana de sua identidade. É óbvio que minha autocrítica impediu-me de fazê-lo. Depois de algum tempo, acabei me afastando da família, em parte por causa da dificuldade em lidar com a situação.

Depois desse episódio, os incidentes referentes ao preconceito racial ficaram adormecidos em minhas lembranças; porém, a semente do que hoje se traduz por um de meus objetos mais contundentes de estudo havia sido plantada definitivamente.

No final de agosto de 2012 fui procurada por uma paciente negra, que chamarei de Patrícia, 28 anos, estudante de Psicologia, em vias de terminar o curso, que trazia como queixa central a relação conturbada com o namorado. Tratava-se de um rapaz branco, e minha paciente foi logo afirmando:

– Prefiro parceiros brancos, porque os negros não são nada confiáveis; na primeira oportunidade, eles trocam a namorada negra por uma branca.

Fiquei um pouco chocada com a afirmação de Patrícia, mas não dividi esse sentimento com ela. Muito rapidamente, porém, as queixas referentes ao namorado foram passando para um segundo plano. Como pude constatar, aquela era apenas a ponta do *iceberg*. Por outro lado, as questões referentes ao preconceito racial invadiram o *setting* de maneira avassaladora. De uma hora para outra, vi-me tocada, profundamente, pelo sofrimento de minha paciente. Em um de seus primeiros relatos, Patrícia referiu-se a vivências traumáticas ocorridas num tempo em que ela não tinha mais do que 10 anos:

– Todas as noites eu dormia com a faca debaixo de meu travesseiro. Queria me matar. Não valia a pena viver num mundo onde eu era diferente de meus colegas; não valia a pena viver num mundo cheio de crianças que, durante as brincadeiras, me chamavam de "macaca".

Criança Morta, 1944
Cândido Portinari
FCO: 2735
CR: 2057
Pintura a óleo / tela, 180 x 190cm

A intensidade da dor que senti na contratransferência ao ouvir as palavras de Patrícia deixou-me desconcertada. Ela extrapolava em muito tudo o que já havia sentido em meus anos de experiência clínica. De alguma forma, eu sabia que aquilo ia além dos limites pessoais da díade. O desejo de morte de minha paciente penetrou minha alma. Tive dificuldade de continuar a sessão. Qual o significado do que estava acontecendo naquela sala?

Quando pensei que o desconforto não poderia ser maior, um outro fenômeno bizarro chegou para piorar a situação: passei a sentir a presença de alguém mais no *setting*. Não demorei a perceber que se tratava da filha de minha prima de quem não tinha notícias há muitos anos, a menina que sofrera a rejeição da mãe por seu cabelo "duro", por seu nariz largo, por sua cor da pele. O que estaria ela fazendo ali? Estaria eu acessando através de Patrícia o sofrimento de toda uma população afrodescendente que sentia na pele e na alma os efeitos do profundo descaso por parte dos brancos?

Naquele momento veio-me à lembrança uma cena que presenciei na época em que convivia com a família: Mariana tinha dois priminhos mais jovens que ela. As crianças adoravam-na. Desde o momento em que os três se encontravam, a alegria era contagiante. Os meninos puxavam-na para o sofá. Queriam brincar de luta. Ela era a heroína que os salvava dos monstros imaginários. No meio da brincadeira, uma voz estridente fez-se ouvir:

Menina do Circo, 1937
Emiliano Di Cavalcanti
Óleo sobre cartão - 56 x 46cm
Reproduzido no livro: *Emiliano Di Cavalcanti - 50 Anos de Pintura - 1922-1971*

– Mariana! Olhe como está o seu cabelo! Vá se pentear!

A menina, rapidamente, passou a mão na cabeça tentando ajeitar uma mecha de seu cabelo alisado que ficara espetada para o alto. Naquela época, as técnicas de alisamento ainda não eram capazes de transformar os cabelos africanos nas macias madeixas das meninas brancas. A mecha fora de lugar denunciava o fracasso da tentativa da mãe de "embranquecer" a jovem.

Pensei: se uma mãe branca manifesta tal desconforto em relação à cor e aos traços da própria filha, o que acontecerá conosco, analistas, dentro do *setting*? Não seria por demais ingênuo acreditar que somos refratários aos problemas referentes ao preconceito racial que permeia a nossa cultura? E se assim for, de que forma e com que intensidade eles nos afetam? Será que corremos o risco, ainda que inconsciente, de tentar "embranquecer a alma de nossas pacientes afrodescendentes?"

E, em meu caso, até que ponto seria capaz de impedir que a educação e os condicionamentos sociais aos quais fora submetida na infância e adolescência se imiscuíssem de forma sombria entre minha paciente e mim?

Resolvi expor minha dúvida para a Patrícia. Disse a ela que, por mais que me esforçasse, não estava segura de que teria a capacidade de imaginar o sofrimento infligido a uma pessoa pertencente a um grupo tão ferido pela sombra coletiva dos brancos. Mas prometi que daria o meu melhor. Fizemos, então, um pacto no sentido de que ela teria toda a liberdade de apontar minha falha se isso, por acaso, acontecesse. Tal iniciativa pareceu ser muito bem recebida por Patrícia.

Demos continuidade ao trabalho terapêutico. Logo de saída, tive confirmada a suspeita de que o preconceito revelado por Patrícia em relação a eventuais parceiros negros não traduzia um problema de cunho individual. HOOKS, B. (2000) afirma:

> Dentro do patriarcado capitalista – o contexto social e político em que surge o costume entre os negros de alisarmos os nossos cabelos – essa postura representa uma imitação da aparência do grupo branco dominante e, com frequência, indica um racismo interiorizado, um ódio a si mesmo que pode ser somado a uma baixa autoestima.

Minha paciente não tinha consciência desse fato. Ao contrário, dizia ter orgulho da própria raça.

Patrícia foi progredindo muito mais rapidamente do que o esperado em seu processo terapêutico. Mas, depois de algum tempo, uma nova dificuldade surgiu: a jovem começou a chegar atrasada às sessões.

Eu decidira atendê-la aos sábados por causa de suas dificuldades de locomoção, da indisponibilidade de horários durante a semana. Os atrasos de Patrícia incomodavam-me crescentemente: sentia-me pouco respeitada. Tinha a impressão de que a jovem não levava em consideração meu esforço no sentido de atendê-la fora do horário convencional. Em suma: definitivamente, esta paciente *não me via*!

A partir de um determinado momento, ela mesma começou a se questionar com relação ao não cumprimento do horário.

– Será resistência?

Quando a pergunta surgiu de forma sincera e despretensiosa por parte da paciente, levei outro choque com minha reação. Por algum motivo, que não fui capaz de entender, respondi mais do que depressa:

– Não. Não se trata de resistência!

Porque as palavras teriam saído de minha boca antes que eu pudesse controlá-las, como se eu fosse uma simples iniciante na arte de clinicar? O que me teria levado à incapacidade de aproveitar a deixa da jovem para trabalhar um complexo que tão generosamente se fazia notar no *setting* terapêutico? Sentia-me travada, e não conseguia entender as razões de tal dificuldade. Só mais tarde pude compreender que minha resposta aparentemente desajeitada vinha de uma certeza inconsciente que afirmava: *não se trata apenas de um complexo pessoal: não se trata apenas de um tipo de resistência nos termos concebidos pela psicanálise.*

Decidi levar o caso para a supervisão. Ali as coisas não foram menos desconcertantes. Tive a impressão de ouvir uma certa crítica de minhas colegas. Elas pareceram questionar minha forma de trabalhar com ênfase na questão cultural/racial. Sugeriram que eu passasse a dar mais atenção a aspectos tais como: o complexo materno, o complexo paterno etc. Levantaram hipóteses sobre os conteúdos familiares presentes na transferência.

Um pouco desapontada com minhas colegas e, acima de tudo, comigo mesma, pela inaptidão em dar conta da situação, voltei ao consultório decidida a resolver o problema.

Na sessão seguinte, pus-me a discutir os atrasos de Patrícia. Mas, para meu espanto, minha voz saía sem que eu pudesse reconhecê-la: eu que sempre cuidara de impedir qualquer pressão que pudesse cercear o fluxo da libido vinda do inconsciente de meus pacientes, não me reconhecia mais. Obviamente, um dos motivos para que isso estivesse acontecendo era claro: eu havia cedido à pressão do grupo de supervisão, em vez de manter-me fiel aos ditames de minha intuição. E, pior, à medida que me colocava diante de Patrícia, minha percepção de que aquela iniciativa poderia dar em nada foi crescendo; passei a ter a sensação muito forte de que corria o risco de "matar" o símbolo representado por sua atitude aparentemente desrespeitosa. Senti-me, literalmente, como uma funcionária da Gestapo. Mas era tarde para arrependimentos. Rezei e pedi ajuda aos deuses. Devo reconhecer que eles foram extremamente generosos, pois, passado algum tempo, Patrícia trouxe um sonho que remetia aos problemas dos atrasos. Enquanto nos dedicávamos à interpretação do sonho, Patrícia começou a falar:

– Sabe, atrasar é um defeito de todas as pessoas de minha família. Acho que é porque a gente é invisível, mesmo...

Pedi a Patrícia que me explicasse melhor o significado de suas palavras. Ela continuou:

– Nós, negros, não somos importantes para ninguém. Ninguém se importa conosco; ninguém nos vê; somos invisíveis. Então, por que chegar no horário?

Estava explicado o motivo dos atrasos! Minha paciente chegava tarde a nossos encontros porque, na transferência, ela atuava a grande ferida da alma de seu povo: **a invisibili-**

dade diante dos brancos. E, afinal, eu era uma branca! Como sempre intuíra, não se tratava, simplesmente, de um trauma pessoal. Como perceberia mais tarde, tratava-se de um trauma coletivo que afetava a todos nós, brancos, negros, índios, mulatos, cafusos, para não citar outros.

Depois desse dia, decidi confiar mais em minha intuição. Eu não tinha nenhuma dúvida de que minha paciente, como qualquer outra pessoa, deveria ter lá seus complexos materno, paterno etc. Mas concluí que, se tentasse manter-me restrita às questões pessoais da jovem, não conseguiria ir muito longe. A essa altura, estava mais do que claro que o trabalho terapêutico entre uma analista branca e uma paciente negra (ou vice-versa) guarda certas características específicas que não podem ser negadas ou, simplesmente, relegadas a um segundo plano, sob o risco de se colocar a perder todo o esforço terapêutico tanto do paciente quanto do terapeuta.

Mais uma vez, fui levada a questionar minha capacidade de acompanhar minha paciente em seu processo analítico?

Saí em busca da ampliação de meu conhecimento sobre racismo, exclusão, preconceito etc.

Para minha estranheza, porém, encontrei muito pouco material teórico nacional escrito por profissionais da área. Antropólogos e sociólogos dedicam muito de sua energia produtiva às questões de etnia, de raça, de gênero. Mas eles não lançam as luzes de que precisamos quando o problema diz respeito à conceituação, à metodologia e ao atendimento terapêutico com mulheres afrodescendentes – mestiças ou não[2].

---

2 As reflexões aqui desenvolvidas não se restringem apenas às mulheres. Para os afrodescendentes do sexo masculino, o problema é igualmente grave. O fato de tratar a questão numa perspectiva feminina deve-se tão somente à minha experiência na prática clínica, da qual os homens ainda não fazem parte.

A descoberta da escassez de fontes de consulta pareceu-me um tanto despropositada num país em que 87% da população branca brasileira têm ao menos 10% de ancestralidade africana. (In: SCANDIUCCI, G. *Cultura Hip-Hop: um lugar psíquico para a juventude negro-descendente das periferias de São Paulo.*)

Constatei, também, que este fato não ocorre somente no Brasil. Jackson e Greene (2004) descrevem a mesma situação em países europeus e nos Estados Unidos. Elas afirmam:

> Os déficits na literatura psicológica [...] vão desde oferecer informações limitadas da teoria até intervenções baseadas em tais informações, e, pior, em corolários distorcidos e ofensivos que resultam em danos os mais variados para os pacientes.

Entre os junguianos o tema vem sendo tratado por vários teóricos. Thomas Singer e Smauel Kimbles afirmam:

> Desde a queda do Muro de Berlim e o colapso da visão binária de mundo e dos conflitos entre as duas grandes potências político-econômicas que tal visão acarretava, uma série sem fim de facções étnicas, raciais, religiosas, de gênero emergiu ao redor do mundo. Como esses conflitos intergrupais invadem as relações com uma carga fortíssima de emoções, é preciso que busquemos explicações (SINGER, T. & KIMBLES, S.L., 2004).

A partir dessas observações, a noção de *complexo* explorada por Jung, C.G. (1991) teve, como afirma Boechat, W. (2012), um desenvolvimento significativo a ser aplicado aos estudos dos grupos sociais e das culturas. Ele continua dizendo que criou-se para isso o conceito de *complexo cultural*, a saber, os complexos afetivos de toda uma cultura que emergiram com base em experiências históricas significativas desses povos ou culturas.

Ao questionar o motivo da escassez de literatura no Brasil, cheguei a ouvir mais de uma vez que os afrodescentes ainda não conseguem acessar o divã psicanalítico, o que inviabiliza estudos e pesquisas referentes a esse extrato da população.

Sim, é verdade que, historicamente, os negros e mestiços tiveram menor acesso à educação formal, sendo que as estatísticas sempre apontaram para uma maior defasagem no caso da formação universitária. Mas não há dúvidas de que esta situação apresenta uma tendência de mudança. As políticas de inclusão através do sistema de cotas estão abrindo as portas da educação universitária para um sem-número de pessoas que, de outra maneira, não teriam acesso ao Ensino Superior.

Minha paciente é apenas uma entre milhares que, através da educação formal, renovam a esperança no sentido de mudar a história de sua vida, de sua família e de seu povo. Ela é apenas uma entre muitas que, tendo tido a possibilidade de chegar à formação superior, conseguiu acessar degraus mais altos da pirâmide socioeconômica, e hoje pode dar-se o direito de buscar ajuda nos consultórios de análise.

Vale a pena chamar a atenção para a história da família de Patrícia, pois ela ilustra de forma clara a trajetória de muitas famílias afrodescendentes no Brasil: ela conta que todas as tias por parte de mãe e de pai foram domésticas. Na verdade, elas mantiveram e, de certa forma, mantêm viva a tradição que se iniciou no tempo da abolição da escravatura.

Naquela época, os homens (ex-escravos) foram obrigados a sair das terras de seus senhores por causa da economia desacelerada no campo. Diga-se de passagem que foi graças à crise econômica que se delineou e se concretizou a ideia da abolição da escravatura, promulgada pela Princesa Isabel, filha de Dom Pedro II, em 13 de maio de 1888. Com a extinção do direito de compra de escravos, os homens negros passaram a não ter mais serventia, e partiram em busca de trabalho e sobrevivência. A história das mulheres, porém, foi diferente, pois alguém tinha que manter a ordem nos casarões, sedes das fazendas, chácaras e casas. Com isso elas não perderam seus postos de trabalho. Para aquelas que trabalhavam como mucamas e amas de leite, as atividades permaneceram intactas, agora remuneradas e com alguns direitos. As mulheres da família de Patrícia descendem daquelas antigas mucamas.

Patrícia e uma prima são as primeiras mulheres da família a sair dos "quartos dos fundos" das casas das patroas para galgar as escadarias das universidades, descê-las com um diploma nas mãos e com a esperança de que o sonho se torne realidade: a "Maldição das mucamas"[3] começa a ser quebrada. Ela sabe que depende dela, e de outros afrodescendentes que fazem parte desse grupo, o esforço de conscientização no sentido da continuidade desse processo de mudança. Estaremos nós, analistas brancos, conscientes de nossa responsabilidade nesse processo?

Um outro ponto que chama a atenção: Patrícia relata que, durante os cinco anos de Faculdade de Psicologia, o tema do preconceito racial nunca foi abordado. Diga-se de passagem que a universidade em questão tem vários alunos afrodescendentes matriculados nos diversos cursos oferecidos à população estudantil.

Ao saber disso, mais uma vez, meu espanto foi indescritível. Com base em minhas primeiras incursões na leitura dos autores que desenvolvem o conceito de complexo cultu-

---

3 Referência à "Maldição dos labdácidas" que faz parte do Mito de Édipo. Ao perder o filho herdeiro, Pélope, rei da Frígia, culpou Laio, pai de Édipo, e lançou sobre ele uma maldição: se tivesse um filho, este seria morto e sua descendência sofreria consequências trágicas. (Sófloques, *Édipo Rei*).

ral, sugiro que ele está constelado no Corpo Docente. Consequentemente, o problema nunca foi abordado na sala de aula. Diante disso, Patrícia, que estava em fase de escolher o tema de sua monografia de final de curso, não se permitia explorar algo relacionado com a questão racial. Ora, pensava ela, se o tema não era abordado, isso deveria ocorrer pelo fato de ele não ter nenhuma pertinência! A fantasia de Patrícia era a de que, se ousasse enveredar por esse caminho, os orientadores se negariam a ler a monografia e ela não seria aprovada.

Através de suas reflexões ao longo do processo terapêutico, Patrícia não só acabou optando pelo tema que tanto lhe diz respeito, como foi aprovada com mérito, e foi convidada a participar de um grupo de pós-graduação em universidade das mais respeitadas em São Paulo, que se dedicará à pesquisa sobre relações inter-raciais.

Mas os desafios continuam. A jovem que começou a trabalhar como psicóloga na área organizacional tem trazido, com alguma frequência, questões que surgem no cotidiano, tais como: o estranhamento de colegas diante de sua presença – uma negra – entre as pessoas do grupo de contratados; as dúvidas quanto à adequação de seus trajes, penteados, maquilagem etc. Como sabem, hoje existe toda uma estética voltada para as mulheres negras. Mas Patrícia se pergunta: Terá ela a liberdade de escolha sem que isso desperte o olhar do preconceito de colegas e superiores?

Recentemente, um dos grandes desafios vencidos pela jovem diz respeito à forma de tratamento que ela vinha dando a seu cabelo. Apesar das diversas mudanças na política racial, as mulheres negras continuam obcecadas com os seus cabelos, e o alisamento ainda é considerado uma necessidade. Este fato demonstra claramente a influência da ditadura da moda, idealizada por uma supremacia branca que leva as mulheres negras a uma enorme insegurança com respeito a seu valor na sociedade.

Com Patrícia não foi diferente: ela submetia seus cabelos a um processo de "embranquecimento" dos fios através da técnica de "relaxamento" (nome moderno para o que antigamente se costumava chamar de "alisamento"). A decisão de deixar de fazê-lo coincide com a crescente conscientização do direito de ser fiel às origens de seu povo e à alma africana que ela carrega em seu interior.

Conclusão

O processo de análise de Patrícia está apenas começando. Há ainda muito a ser conquistado. Mas a forma como ele foi se desenvolvendo até agora já nos permitiu um enorme aprendizado. Juntas, descobrimos que, em situações onde o encontro terapêutico acontece entre pessoas de duas raças diferentes, alguns cuidados devem ser tomados.

De minha parte, no início, contava quase que tão somente com minha intuição, minha sensibilidade, alguma experiência como analista e com as percepções resultantes da contratransferência. Aos poucos, porém, fui encontrando grande apoio na literatura que explora temas afins. Este foi o caso, por exemplo, da teoria do Complexo Cultural (SINGER, T. & KIMBLES, S.L., 2004) através do qual formulei muito do que hoje conheço sobre a questão do racismo. Além disso, outros autores – junguianos ou não – me foram de profunda serventia. Eles confirmaram, muitas vezes, aquilo que eu intuía, mas não me autorizava a validar pelo fato de me faltar base teórica e argumentação caso fosse questionada. Assim, Roberto Gambini afirma:

> No Brasil há um débito psíquico que, se não for formulado e trabalhado, não permitirá que surja um novo processo de conscientização de identidade (Dias & Gambini, 1999, p. 69).

Em outras situações, eles me fizeram tomar conhecimento de uma série de riscos referentes às dificuldades que fatalmente ocorreriam no setting, podendo levar a um grande fracasso terapêutico, caso eu não estivesse consciente de seu significado e instrumentalizada para contorná-los.

Parte de meu aprendizado diz respeito à quantidade de variáveis que podem passar ao largo da compreensão dos analistas. Para citar apenas alguns exemplos, consideremos:

1) A dificuldade dos terapeutas em assumir para si mesmos o preconceito (maior ou menor) por conta de estarmos mergulhados numa cultura escravocrata – em sua origem –, além de profundamente classista e preconceituosa.

2) A profunda desconfiança de pacientes que até então foram, sistematicamente, ignorados, desrespeitados, ofendidos pelos brancos com que se relacionaram, e que, repentinamente, veem-se indefesos diante de mais um suposto vilão – o terapeuta branco.

3) A forma como o preconceito surge na mente de uma criança, muitas vezes, sem que ela tenha ouvido falar de racismo (AUSDALE, D.V. & FEGIN, J.R., 2001).

E muitas outras.

Pergunto-me: Quantos terapeutas brancos tiveram, como eu, o privilégio de ter aprendido com seus mestres a importância da leitura e da escuta multidisciplinar? Neste caso, por multidisciplinar entendo a leitura socioantropológica, articulada com a escuta pessoal e arquetípica das mais variadas representações dos pacientes, a saber: sonhos, relatos, imaginação ativa, desenhos, dança, música e outras técnicas expressivas.

Penso que esse olhar multidisciplinar fez aflorar minhas impressões de adolescência, somando-se à lembrança de meu choque diante da manifestação de racismo de meus parentes. De certa maneira, a partir disso, tornei-me consciente da profunda distorção de mundo que me foi apresentado pelo extrato socioeconômico de onde vim, levando-me a direcionar meu olhar para o lado de fora de minha redoma pessoal. A partir daí, estava pronta para receber minha primeira paciente negra. E ela chegou em 2012.

Não fossem esses fatores, talvez não pudesse ter alcançado a dimensão da dor de minha paciente. Eu seria apenas mais uma "branca" desejosa de estar de acordo com aquilo que nossa sociedade denomina "politicamente correto". No entanto, eu sabia muito bem do que ela estava falando, pois eu havia estado do outro lado: não só por ter crescido imersa num mundo profundamente preconceituoso, mas também por ter sido educada por pessoas pertencentes à elite que, desde os tempos coloniais, parece estar cega para uma realidade cruel que pode ser observada tanto na arquitetura rural brasileira através do contraste entre os majestosos casarões dos antigos proprietários de terras e as humildes e desconfortáveis acomodações dos escravos – ou dos colonos – quanto na distribuição habitacional das grandes cidades contemporâneas, como é o caso, em São Paulo, dos luxuosos condomínios construídos no bairro do Morumbi vizinhos aos barracos da Comunidade de Paraisópolis.

Hoje tenho a profunda convicção de que, num intervalo não muito grande de tempo, pacientes negros ou mestiços entrarão em número crescente porta adentro em nossos consultórios com suas vivências e seus traumas nascidos a partir do racismo.

Cabe, então, perguntar:

Os professores das faculdades de psicologia e nós, analistas, estaremos prontos para superar o grande desafio que se coloca – não só diante dos profissionais de ajuda, mas também diante da humanidade como um todo – para aceitar o Outro em sua singularidade e inalterável diferença, sem que isso seja percebido como ameaça?

Estaremos prontos para compreender que, longe de ser uma ameaça, esta aceitação representa uma enorme expansão da consciência coletiva e individual em direção a um mundo mais humano, mais justo, mais harmônico?

E, finalmente, nós que tanto desejamos aceitar e compreender o ser humano em sua maravilhosa diversidade...

ESTAREMOS PRONTOS PARA RECEBER A ALMA ANCESTRAL AFRICANA EM NOSSOS CONSULTÓRIOS?

Referências

AUSDALE, D.V. & FEGIN, J.R. *The First R* – How Children Learn Race and Racism. Lanham/Bolder/Nova York/Toronto/Plymouth: Howman & Littlefield Publishers, 2001.

BOECHAT, W. *Cordial Racism: race as a cultural complex. InListening to Latin America – exploring cultural complexes in Brazil, Chile, Colombia, Mexico, Uruguay, and Venezuela*. New Orleans, LA: Spring Journal Books, 2012. p. 31-50.

_____. *A teoria dos complexos de C. G. Jung aplicados ao estudo da cultura*. In Universidade Gama Filho, RJ, 15 ago.2012. Disponível em: <http://www.posugf.com.br/noticias/todas/1737-a-teoria-dos-complexos-de-c-g-jung> – Acesso em: 13 mar.2014.

GAMBINI, R. & DIAS, L. *Outros 500* – Uma conversa sobre a alma brasileira. São Paulo: Senac, 1998.

HOOKS, B. "Alisando o nosso cabelo". *Revista Gazeta de Cuba* – Unión de escritores y artistas de Cuba, jan.-fev./2005 [Disponível em <http://www.criola.org.br/mais/bell hooks-alisando-nosso-cabelo.pdf>. Retirado do blog coletivomarias.blogspot.com/.../alisando-o-nosso-cabelo.html – Acesso em 05/02/2014].

JACKSON, L.C. & GREENE, B. (orgs.). *Psichotherapy with African American Women* – Inovations in Psychodynamic Perspectives and Practice. Nova York/Londres: Guilford Press, 2000, p. XVI.

JUNG, C.G. *A natureza da psique*. 3. ed. Petrópolis: Vozes, 1991 [OC 8/2], p. 25-40.

PENA, S.D.J. & BORTOLINI, M.C. "Pode a genética definir quem deve se beneficiar das cotas universitárias e demais ações afirmativas?" *Estudos Avançados*, vol. 18, n. 50, 2004, p. 31-50. São Paulo: USP.

RIBEIRO, D. *O povo brasileiro* – A formação e o sentido do Brasil. 2. ed. São Paulo: Companhia das Letras, 1995.

SCANDIUCCI, G. *Cultura Hip-Hop: um lugar psíquico para a juventude negro-descendente das periferias de São Paulo*. São Paulo: Imaginário (USP), v. 12. 2006.

SINGER, T. & KIMBLES, S.L. (orgs). *The Cultural Complex* – Contemporary Jungian Perspectives on Psyche and Society. Nova York: Brunner Routledge/East Sussex, 2004.

III
A ALMA BRASILEIRA AMERÍNDIA

1 Os irmãos criadores: um mito de origem brasileira

*Isabela Fernandes**

Introdução

Este trabalho pretende analisar o relato de um mito de origem do mundo do grupo indígena dos Aruás, habitantes de Rondônia. Nesta narrativa de criação, diferente do que ocorre nas grandes cosmogonias das civilizações antigas, não há uma luta entre o deus da luz e o deus da sombra, não há vitória da ordem sobre o caos. Neste mito indígena, as forças luminosas e as forças obscuras se equilibram e permanecem justapostas em um espaço simbólico de integração dos opostos.

Para introduzir a discussão será apresentado um livre resumo da narrativa indígena tal como esta é contada na obra de Betty Mindlin[1]. Não há espaço aqui para o relato do mito todo, cuja longa história excederia o objetivo deste texto. Se-

---

* É professora da área de Letras Clássicas do Departamento de Letras da PUC-Rio, ministrando também disciplinas de História Antiga no Departamento de História da PUC-Rio. É doutora em Literatura pelo Departamento de Letras da PUC-Rio. Atua nas áreas de mitologia e literatura gregas, e mitologia indígena brasileira. É coautora do livro *A vida, a morte e as paixões no mundo antigo* com a professora da PUC-Rio Flávia Eyler, publicado pela Editora Cassará.

1 Este trabalho utilizou como referência o relato contado em *Terra grávida*, de Mindlin (1999, p. 52-65).

rão focados os episódios que interessam ao estudo. Iniciaremos o relato utilizando as palavras do texto de Mindlin, que registram o caráter de oralidade das narrativas ameríndias:

> Havia dois irmãos, Andarob, o irmão mais velho, e Paricot, o mais novo. Tinham uma irmã, Antoinká. O mais velho não tinha tanta inteligência quanto Paricot. Andarob era preguiçoso, gostava muito de rede, não trabalhava. Paricot é quem trabalhava [...]. O começo do mundo surgiu assim. Não existia ninguém neste mundo, não existia mundo. Mas o mundo surgiu de uma gia. A mãe de Deus, para nós, é uma gia. O pai de Deus é o veado-mateiro. Gia é Wirib e veado é Wití. Destes dois surgiu Deus. Deus são os dois irmãos, mais a irmã. A Gia e o Veado surgiram de si mesmos. Pensaram em ter um filho para criar o mundo. Era tudo escuro, não existia nada. Tiveram os filhos (MINDLIN, 1999, p. 52).

Em seguida o mito conta que a Gia e o Veado tiveram três filhos, nesta ordem: Andarob, o mais velho; Antoinká, a irmã do meio; e Paricot, o mais novo, que era o mais inteligente. Quando já estavam crescidos, os seus pais, a Gia e o Veado, não disseram o que eles tinham que fazer. Então Paricot disse ao irmão: *"Eu sei o que vou fazer, eu vou formar o mundo. Assim pensou o mais novo, mas o mais velho não pensou. Não tinha uma ideia, como o outro, já desde pequeno"* (MINDLIN, 1999, p. 53). Então, mesmo sem o conselho dos pais, Paricot começou a fazer o mundo. Bastava ele pensar que as coisas passavam a existir.

Primeiro Paricot fez um marido para a irmã, pois era urgente que ela se casasse logo para não correr o risco de ficar solteira. Para tanto, ele criou o Beija-flor Kirun, e com ele casou a irmã: *"Paricot fez o cunhado Kirun para casar a irmã, porque mulher sem marido não dá certo"* (MINDLIN, 1999, p. 53). O primeiro e mais difícil problema estava resolvido. Kirun, o cunhado, foi criado por Paricot para ser o primeiro pajé. Este ensinou aos dois irmãos a serem pajés também, a tomarem rapé e a fumar. Paricot tomava rapé, fumava, pensava um monte de coisas, e tudo ia se tornando real. Mas quando Andarob fumava não conseguia pensar em nada, e nada acontecia.

Em seguida Paricot teve que resolver o segundo maior problema: se casar. Então Paricot criou o montinho do cupim. O buraco do cupinzeiro era a vagina de sua esposa. Já casado, Paricot pôde se dedicar à criação do mundo. Bastava ele pensar para virar verdade. Assim ele foi criando os bichos e as árvores, e andava azafamado de um lado para o outro, achando tudo o que ele criava muito bonito.

A sua mulher, que era a terra do cupinzeiro, ficou grávida dos vários povos indígenas que estavam para nascer. Depois de um tempo, os filhos quiseram nascer, mas não conseguiam porque a porta do buraco do cupinzeiro estava trancada. Paricot chamou o irmão, Andarob, que estava deitado na rede, para ajudar a fazer os filhos nascerem. Mas Andarob ficou com preguiça e não quis ir. A irmã, Antoinká, mandou que ele fosse, aí ele foi.

Os dois irmãos fumaram para ver se tinham alguma ideia. Andarob fumou, fumou, mas não tinha ideia nenhuma. Paricot teve uma ideia que não deu certo. Ele criou os pássaros coloridos de bico duro, como o papagaio, o periquito, a maritaca, para bicar a porta do buraco. Mas os pássaros entortaram seus bicos e não conseguiram quebrar a porta do cupinzeiro – por isso estas aves possuem o bico recurvado.

Então Andarob foi dormir, desanimado. Paricot não desistiu, fumou, fumou, até que a porta se abriu. Então saíram do buraco vários casais de índios, cada par já saía com a sua marca e o nome de seu povo. Saiu muita gente feia. Depois saíram alguns casais bonitos, entre estes alguns de raça branca. Assim foram criados os diferentes povos.

Paricot começou a ensinar aos povos a língua Aruá. Ele pretendia ensinar apenas uma língua, para que todos os homens se entendessem. Depois de um tempo ele ficou cansado e chamou Andarob para continuar a tarefa. Ele pediu para o irmão que ensinasse uma língua só. Mas Andarob ensinou várias línguas, fazendo com que todos os homens se desentendessem.

O relato continua contando uma série de eventos importantes da criação, tais como a invenção da agricultura, a descoberta da água, o roubo do fogo, da noite e do sono, o primeiro incêndio, assim como outros incidentes fantásticos, todos eles frutos do incessante trabalho de Paricot. No entanto, vamos focar agora o último episódio da criação, a descoberta da gravidez de barriga, pois nesta cena há uma participação especial do irmão preguiçoso, Andarob.

O mito conta que, naquele tempo, as mulheres não ficavam grávidas na barriga porque não havia relação sexual. O homem ainda não havia descoberto a vagina da mulher. Antes, a vagina tinha a função de guardar o óleo para as mulheres passarem no corpo e nos cabelos. O homem mexia com seu membro nos dedinhos do pé da mulher e ela engravidava na batata da perna. Bastava à mulher dar uma topada com o dedo do pé para a criança nascer, não dava trabalho nenhum, nem havia nenhuma dor.

Foi Andarob quem descobriu a vagina da mulher porque ele não trabalhava e ficava à toa. Andarob começou a namorar a cunhada, a esposa de Paricot, porque tinha cisma do irmão – talvez porque este fosse um chato com aquela inteligência toda. Quando estavam namorando escondido, Andarob não quis mexer no pé da cunhada, como todos faziam. Ele quis mexer na vagina dela. A cunhada não quis, disse que ia quebrar o vaso de óleo. Andarob insistiu, acabou entrando e quebrando a vasilha de óleo. Paricot descobriu a traição e ficou muito zangado. Ele decretou que, dali em diante, as mulheres teriam que fazer sexo e ter filhos pela vagina, e não mais pelo pé. A narrativa de Mindlin termina com a seguinte frase: *"Paricot continuou o trabalho dele. E quanto trabalho!"* (MINDLIN, 1999, p. 65).

Pais e filhos

O início do relato de Mindlin chama a atenção por sua falta de encadeamento lógico e cronológico. Antes de tudo, havia três irmãos. No entanto, logo depois, a história afirma que não existiam nada nem ninguém neste mundo. E logo depois de afirmar que não havia nada neste mundo, o mito conta que o mundo surgiu da Gia e do Veado-Mateiro. Ora, se não havia nada no mundo, como havia esses seres? A narrativa dos povos Aruá não especifica como nasceram estes dois entes misteriosos. Na maioria das narrativas indígenas brasileiras o mundo surge a partir de um vazio primordial, sempre existe uma ordem anterior enigmática que precede à criação. Assim *"A Gia e o Veado surgiram de si mesmos. Pensaram em ter um filho para criar o mundo. Era tudo escuro, não existia nada"* (MINDLIN, 1999, p. 52).

O relato dos índios Aruá, como a maioria das narrativas míticas, não segue uma causalidade racional restrita, ele utiliza a linguagem simbólica, que opera através da lógica da simultaneidade e da analogia. O mito, formado por símbolos, justapõe as camadas temporais, torna indiferenciados os espaços diferenciados racionalmente. O imperativo do mito é personalizar o mundo, torná-lo um palco de personagens e dramas entrelaçados emocionalmente no tempo e no espaço.

Neste mito específico, a indiferenciação da sequência espaçotemporal é particularmente acentuada. Este fato decorre, em parte, da própria estrutura do texto de Mindlin, que tenta preservar ao máximo a marca de oralidade das histórias contadas[2]. Mas podemos também afirmar que a desarticulação lógica do relato obedece à linguagem típica das cosmogonias em geral. Os mitos de origem relatam eventos que ocorreram no início do mundo, quando as fronteiras espaciais e temporais ainda não tinham sido estabelecidas. Pois bem, no início do mundo não havia nada nem ninguém; mas apesar disso havia três irmãos. Em seguida uma gia se casa com um veado para gerar os três irmãos, que já tinham aparecido na narrativa. E tudo estava escuro.

Este mito incrível inventou um casamento completamente absurdo. O simbolismo da união da gia e do veado obedece a um padrão infantil e primitivo típico dos relatos que tentam representar os primórdios do mundo. No estágio arcaico das origens, em que tudo é obscuro, indefinido e informe, dois animais tão díspares podem se unir em casamento e gerar filhos na escuridão. Trata-se aqui de uma imagem mítica que representa a totalidade cósmica anterior ao processo de organização.

---

2 Em *Terra grávida* (p. 261-263) a autora explica que as narrativas do livro foram escritas por ela a partir de transcrições orais gravadas em língua indígena, contadas pelos próprios índios, e traduzidas para o português por intérpretes também indígenas.

Nos mitos de criação em geral sempre aparecem estes pais primordiais cujos filhos vão formar o mundo. A Gia e o Veado expressam forças originais de fecundação de onde vai surgir o cosmo. O motivo dos pais primordiais é uma imagem arquetípica comum em mitos de diversas culturas. Ela representa a fantasia infantil a respeito da cena primal da sexualidade dos pais, o que torna este motivo fundamental para a organização da personalidade da criança (BOECHAT, 2008, p. 50).

A reflexão de Boechat nos ajuda a compreender melhor a imagem aberrante que se refere à gia e ao veado como os pais do mundo. O simbolismo se aproxima aqui das fantasias infantis para expressar uma sexualidade primitiva que, no entanto, inaugura uma ordem no caos: os pais divinos, por mais disformes que sejam, um dia se amaram e tiveram bebês; surge, assim, um primeiro sentido no abismo original.

A gia se associa a um princípio feminino, telúrico e amniótico ao mesmo tempo, que exprime a fertilidade em seu estado indiferenciado. A gia é aparentada com sapos e rãs, e estes animais surgem com frequência nas narrativas de diversas culturas. Sob o foco da psicologia analítica pode-se afirmar que os anfíbios, nos mitos e contos, emergem das águas lodosas simbolizando conteúdos do inconsciente que tentam se aproximar da consciência anunciando uma transformação[3]. Em nossa história Aruá, parece que a Mãe Gia surge nas trevas do mundo para anunciar que uma força reptiliana está preparando uma futura renovação.

O veado, por sua vez, configura uma imagem masculina mais diferenciada e evoluída. Com seu porte elegante e seus

---

[3] Para um melhor desenvolvimento do tema, cf. a análise de Von Franz do conto "A Bela Adormecida" em *O feminino nos contos de fadas* (1995).

chifres majestosos, o veado é, em várias culturas do mundo, um símbolo da espiritualidade que emana da energia animal. No Brasil, o veado é uma das bases da alimentação dos índios, sendo a sua carne muito cobiçada. O veado encarna a sacralidade do animal caçado, sendo divinizado em muitas comunidades indígenas, como atesta o Mito do Anhangá, o espírito das florestas, o veado branco de olhos de fogo que protege os animais contra os caçadores.

A Gia e o Veado, formando um par de opostos que simboliza a união entre a matéria e o espírito, vão gerar os filhos criadores do mundo: primeiro veio Andarob, o irmão mais velho e preguiçoso; depois veio Antoinká, a insossa irmã do meio; e Paricot, o irmão mais novo e mais inteligente. O relato conta que o mundo foi criado pelos três, mas Paricot foi quem trabalhou de fato. Andarob, apesar de ter participado um pouco da criação – mais atrapalhando do que ajudando –, gostava mesmo é de ficar na rede: *"Só que o mais velho era preguiçoso, vivia deitado. O mais novo era trabalhador"* (MINDLIN, 1999, p. 53).

Nas cosmogonias míticas em geral, os filhos expressam um estágio mais evoluído e espiritual em relação ao estágio primitivo representado pelos pais primordiais. Os pais expressam um princípio de inconsciência e de repouso nas trevas originais; já os filhos querem sair do escuro, criar coisas, trazer o movimento e a luz. O filho se torna assim o deus civilizador, em oposição aos pais, cujo papel se reduz ao de deuses procriadores. No Mito Aruá, Paricot, o "deus filho", representa um princípio racional que resolve criar um mundo mais organizado, em que leis e limites possam ser fixados, e em que os homens possam viver. Paricot expressa a iniciativa rumo à liberdade e à individualidade, que se opõe à inércia da totalidade expressa pelos pais.

Nos mitos de criação, o nascimento dos filhos e netos dos pais primordiais configura uma transgressão da ordem familiar arcaica. Por isso, em quase todas as cosmogonias das grandes civilizações, cria-se o cenário simbólico de um conflito entre as gerações, muitas vezes tomando a forma de uma guerra cósmica entre pais e filhos. No mito de origem babilônica, por exemplo, os pais primordiais, Apsu e Tiamat, que representam forças subterrâneas, entram em conflito com o seu neto Marduk, representante de um princípio espiritual. Na cosmogonia grega contada na *Teogonia*, de Hesíodo, o pai primitivo, Úrano, é castrado por seu filho, Crónos; este, por sua vez, representando o pai devorador, é destronado pelo filho, Zeus, deus da ordem e da luz.

Na narrativa Aruá, não há uma guerra épica entre as gerações. Paricot, embora representante de uma nova ordem, não luta contra os pais. Há, de fato, uma transgressão inegável: Paricot quer trabalhar, fazer coisas, enquanto a Gia e o Veado permanecem acintosamente em repouso e em silêncio. No entanto, esta diferença entre as gerações não gera um conflito maior. O máximo que os pais fazem é não aconselhar nem ajudar os filhos. *"Foram crescendo. Já crescidos, perguntaram um ao outro: 'O que nós vamos fazer? Se nossa mãe e nosso pai não aconselham nada, o que nós vamos fazer?' [...]. E já começou a trabalhar. O pai e a mãe não aconselhavam nada"* (MINDLIN, 1999, p. 53).

Na narrativa indígena uma nova ordem surge, sim, mas não para exilar ou substituir a ordem primeva. O mundo organizado que Paricot inventa não é, necessariamente, melhor ou mais justo do que o mundo caótico e disforme dos pais. Parece não haver necessidade de exclusão da ordem precedente. Os dois princípios opostos, o elevado e o primitivo, convivem lado a lado sem violência. As trevas originais permanecem justapostas à realidade mais evoluída que vai sendo criada.

Destacamos aqui esta ideia porque toda a reflexão a seguir vai se basear neste tema central: no Mito Aruá há uma ausência de conflito violento entre o princípio da luz e o da sombra. Veremos em seguida como este processo se repete na relação entre os dois irmãos criadores, Paricot e Andarob, eles também representantes de princípios opostos. Não vai haver uma guerra entre o irmão luminoso e o sombrio. São dois eixos contrários que se encontram, de certa forma, conciliados.

Os irmãos

O tema mítico que retrata a criação do mundo a partir de uma dupla de deuses é bem característico das cosmogonias ameríndias brasileiras. Na mitologia dos índios Mundurucus, por exemplo, os criadores são um deus pai, Caru, e seu filho, Rairu. Em uma narrativa dos índios Bororo, os principais heróis fundadores são dois irmãos, Itubore e Bokororo, que juntos criam a cultura humana. Os mitos dos índios do Rio Xingu contam que foram dois irmãos, o Sol e a Lua, que atuaram no início do mundo como heróis civilizadores[4].

A imagem de um único deus atuando como o criador solitário do mundo não é frequente nas mitologias indígenas, embora ela possa ocorrer eventualmente. A narrativa Aruá afirma que, no início do mundo, não havia um único deus apenas, mas sim uma Gia e um Veado. A energia primordial

---

4 Os mitos aqui mencionados são narrados nas obras *Lendas do índio brasileiro*, de Alberto Costa e Silva (1985), e *Xingu, os índios, seus mitos*, de Orlando e Claudio Villas-Boas (1970).

que fecunda o universo se manifesta através de dois deuses. Em seguida eles tiveram três filhos que criaram o mundo. Este mito é um bom exemplo para mostrar que as cosmogonias indígenas brasileiras são mais afins com a ideia da multiplicidade do que com a ideia de unidade[5].

Na mitologia indígena os dois deuses criadores, em geral, constituem uma polaridade, e expressam tendências opostas. Um dos deuses frequentemente representa a ordem, enquanto o outro deus representa a tendência ao caos. Enquanto um é forte, o outro é fraco; se um é autoritário, o outro obedece; se um é mais benévolo, o outro é mais perverso; quando um é luminoso, o outro é sombrio, e assim por diante. Na narrativa Aruá, Paricot tem ideias, é mais inteligente e trabalhador; já Andarob é burro, preguiçoso, e não tem ideia nenhuma: *"Mas o mais velho não pensou. Não tinha uma ideia, como o outro, já desde pequeno"* (MINDLIN, 1999, p. 53).

Como ocorre em diversos mitos e contos populares, o irmão mais novo é quem, de fato, funda e transforma a ordem existencial. O caçula, por ser o último na ordem de herança e sucessão, traz um novo poder que rompe com o padrão familiar, enquanto o irmão mais velho representa uma fixação nos modelos paternos. Paricot, o mais novo, é o herói renovador, aquele que pensa, que age, que traz a força de progressão; o mais velho, Andarob, aquele que não pensa nada e só fica dormindo, expressa uma força de regressão ao estado de repouso original. Do ponto de vista junguiano, podemos supor que Paricot representa o movimento arquetípico que tende a romper a totalidade inconsciente para estruturar a consciência. Já

---

5 Mindlin (1999) e Schaden (1970) podem ampliar a reflexão sobre a criação do mundo se configurar a partir de dois deuses criadores nas cosmogonias das tribos brasileiras.

Andarob representa os conteúdos que tendem a retornar para junto dos pais primordiais na totalidade inconsciente.

Nos mitos e contos de várias culturas surge com muita frequência a imagem de irmãos rivais e opostos. Esaú e Jacó, Caim e Abel, Rômulo e Remo são exemplos de gêmeos míticos que, representando princípios contrários, nutrem entre si um ódio mortal. Segundo Boechat (2008), o motivo mítico dos gêmeos rivais vem a ser um tema arquetípico que traduz a dinâmica psíquica dos opostos no processo de organização da consciência humana: *"O complexo egoico, como centro da consciência, estrutura-se à medida que seu oposto, a sombra, também se organiza como uma contraparte inconsciente"* (BOECHAT, 2008, p. 73)[6].

Na narrativa Aruá, Andarob é associado ao arquétipo da *sombra* porque ele expressa uma energia primitiva e caótica, oposta à função organizadora e racional de Paricot. A sombra atua muitas vezes boicotando ou dificultando a dinâmica progressiva da consciência. Da mesma forma, Andarob atrapalha ou trava os projetos de Paricot o tempo todo: Paricot chama o irmão para fumar e ajudá-lo a criar o mundo, mas Andarob fuma e não tem ideia nenhuma; Paricot chama o irmão para ajudar no nascimento dos filhos, mas Andarob fica com preguiça e prefere ficar na rede; Paricot deseja ensinar aos homens uma única língua para todos se entenderem, porém Andarob ensina várias línguas, originando a discórdia entre os homens. Paricot deseja que o mundo evolua rumo a um padrão mais refinado de existência; já Andarob deseja que o mundo se mantenha para sempre em um estado uterino.

---

[6] Para maior esclarecimento sobre o conceito junguiano de *sombra*, cf. JUNG, C.G. *Arquétipos e inconsciente coletivo* (2000, § 41-46), assim como ZWEIG, C. & ABRAMS, J. *Ao encontro da sombra* (1991).

A oposição entre o ego e a sombra, quando representada nos mitos dos irmãos rivais, em geral gera um conflito mortal que acaba com a destruição de um dos lados. Não é isto o que ocorre no Mito Aruá. O que diferencia esta narrativa indígena de outros mitos é que, nesta, os dois irmãos não tentam se matar, nem chegam a ser rivais entre si. A sombra, personificada por Andarob, não é excluída nem eliminada pelo seu irmão solar. Pelo contrário, Paricot chama o irmão o tempo todo para participar da criação, embora Andarob nem sempre fique muito animado.

Ao analisar um mito de criação brasileira dos índios Mundurucus sob o foco da psicologia analítica, Von Franz (1972) confirma a ideia de que, em geral, os deuses criadores das cosmogonias indígenas atuam sob a forma de um par de opostos. Um deles expressa um princípio mais inconsciente, o outro expressa a tendência à formação da consciência. Mas esta oposição configura uma totalidade arquetípica que não pode ser desfeita. Estas tendências contrárias formam uma união natural, uma é inerente à outra. Assim, a autora prefere afirmar que o par divino forma uma dualidade, e não exatamente uma oposição:

> Um é mais ativo, o outro é mais passivo; um conhece mais, o outro conhece menos; um é mais humano; o outro é menos humano; um é o tipo "Pai", o outro é o tipo "Filho"; um é macho, o outro é fêmea; um é melhor, o outro é pior; um tende mais para a vida, o outro tende mais para a morte (VON FRANZ, 1972, p. 70s.).

Andarob e Paricot formam, de fato, uma parceria indissolúvel. Andarob jamais é excluído pelo irmão. Ele se associa aos níveis psíquicos inferiores que são importantes para contrabalançar o movimento de contínua evolução de Paricot.

Este muitas vezes fica zangado com Andarob, que atrapalha seus projetos; mas, como afirma a narrativa, Paricot "se conforma" e acaba aceitando os desmandos do irmão (MINDLIN, 1999, p. 57). Assim, Andarob é capaz de participar da gestação do mundo de forma mais criativa – embora sempre acabe destruindo um pouco também.

Segundo a psicologia analítica, a sombra se torna uma energia destrutiva se não for reconhecida e trazida à luz pela consciência; porém, quando a sombra é integrada, ela é capaz de ativar aspectos criativos significativos para a vida humana. A imagem mítica de parceria entre Andarob e Paricot representa o processo de integração da sombra, com a consequente elaboração de seu aspecto destrutivo. Ao "se conformar" com as trapalhadas do irmão, Paricot *é* capaz de canalizar o poder virtualmente hostil da sombra para um sentido criativo.

Quando assimilada, a criatividade da sombra se revela, e ela pode acordar as fontes instintivas de energia antes ocultas. Andarob é o responsável pelas duas mais incríveis descobertas do mito: a sexualidade e a vagina da mulher: *"Andarob é que descobriu a vagina da mulher, pois não tinha o que fazer"* (MINDLIN, 1999, p. 64). Se antes o amor e a procriação se resumiam a uma operação insossa realizada pelo casal através dos dedos dos pés, graças a Andarob ela se torna sexualizada e prazerosa.

Em um dos episódios narrados, Paricot chama o irmão para ajudá-lo a fazer os filhos nascerem; mas, como esta tarefa se mostra muito difícil, Andarob desiste e volta para a rede. Andarob vai ajudar o irmão somente quando a irmã, Antoinká, ordena-lhe que vá. Andarob tem grande amizade pela irmã, e parece ser submisso a mulheres. Além disso, é um excelente amante, já que consegue mudar o padrão da relação sexual com a descoberta da vagina. Já Paricot, muito duro e inteligente, não sabe lidar com as mulheres. Sua esposa o considera um marido sem graça, e sua irmã, Antoinká, não gosta dele: *"Antoinká não gostava desse deus, de Paricot, porque ele era muito inteligente"* (MINDLIN, 1999, p. 63). Andarob é, portanto, mais próximo do princípio feminino, e sua afetividade atenua a rígida masculinidade de Paricot.

Podemos completar esta reflexão utilizando as ideias de Mindlin (1999) e afirmar que os dois irmãos, nas mitologias indígenas brasileiras, constituem uma *diferença*, e não exatamente uma *oposição*, pelo menos não uma oposição moral. Não existe aqui uma dissociação maniqueísta porque não há uma delimitação tão clara entre o bem o e o mal: *"Os demiurgos, os Criadores, não são iguais, mas não são o contrário um do outro [...] um faz e acontece, o outro descobre; um cria as regras, o outro desobedece e provoca desastres, e assim por diante. Não há um Criador Bom e um Malvado"* (MINDLIN, 1999, p. 17).

A narrativa Aruá é um exemplo desta reflexão de Mindlin, pois Paricot e Andarob possuem, simultaneamente, aspectos benignos e malignos. O caráter elevado de Paricot não o torna um guardião do bem. Além disso, ele pode chegar a ser muito chato, como é destacado na narrativa. Da mesma forma, a preguiça e a perversão de Andarob não são marcadas no mito como qualidades destrutivas que devam ser eliminadas. Apesar de atrapalhar a organização de Paricot, Andarob não impede que a ordem e a justiça sejam estabelecidas. No fim das contas, Paricot conseguiu formar um mundo razoavelmente justo e ordenado, mesmo com as bagunças de Andarob.

A oposição mais clara entre o bem e o mal surge com frequência nas cosmogonias das grandes civilizações da Antiguidade. O Deus cristão e a serpente, Zeus e Crónos, Osíris e Set, Marduk e Tiamat são exemplos de pares de opostos que entram em conflito e deflagram uma guerra cósmica. Estes pares divinos configuram princípios excludentes que não podem se conciliar. O deus da luz expressa aqui não apenas um princípio de ordenação, mas também se identifica com o bem e com a justiça. E o deus sombrio, por sua vez, expressa um poder monstruoso de destruição que deve ser exilado. O deus cristão, Zeus, Osíris e Marduk não são apenas *opostos* aos seus rivais sombrios, eles precisam *eliminar* os seus rivais. A única solução possível para que seja criado um mundo mais justo e ordenado é o deus da luz dominar e expulsar a sombra.

Na cosmogonia grega, por exemplo, a criação do universo coincide com uma guerra épica entre Zeus e os Titãs. Esta luta foi necessária para que fossem instauradas a justiça e a ordem, pois os Titãs correspondem a forças caóticas que deviam ser superadas. Quando estes deuses primitivos reinavam, dominavam a violência e a injustiça. De Úrano a Zeus ocorreu então um processo evolutivo, em que um estágio inicial do universo, dominado por deuses indiferenciados, transforma-se em um mundo ordenado, liderado por um deus que expressa o princípio organizador do *logos*.

No Mito Aruá, Paricot também expressa o princípio ordenador do *logos*, tendo certa semelhança com Zeus. No entanto, ele não entra em guerra contra a energia caótica de Andarob. O irmão não representa um poder titânico que deve ser banido. A sombra foi integrada à consciência dominante, portanto o seu poder destrutivo foi desviado. Não existe aqui a necessidade de vitória de Paricot sobre Andarob. Talvez seja preferível afirmar que Andarob, ao invés de se opor francamente ao princípio luminoso de Paricot, atua como uma força traiçoeira e bem-humorada que se mostra indispensável na dinâmica da criação. Andarob expressa um princípio de desequilíbrio e irreverência que atenua a exagerada perfeição do trabalho de Paricot. Mindlin afirma que, nas cosmogonias brasileiras, o deus sombrio não atua tanto como o oposto moral do deus luminoso, mas sim como uma força de desconstrução e irreverência:

> No Brasil, podemos encontrar muitos pares de demiurgos indígenas que contêm o bem e o mal simultaneamente, mas não são estereótipos maniqueístas, ou o são somente em germe. São patriarcas e salvadores do mundo, mas também endiabrados, malandros, brincalhões beirando o mau caráter, ameaçando os homens com grandes tragédias (MINDLIN, 1999, p. 20).

O episódio da criação das diferentes línguas no Mito Aruá é brilhante para esclarecer esta ideia. Paricot começa a ensinar aos homens uma única língua para que todos se entendam. Mas o deus inteligente fica cansado, e chama o irmão Andarob para terminar a tarefa. Aqui fica claro que o princípio ordenador não exclui o princípio caótico, ao contrário, precisa dele para ajudá-lo. No entanto, Andarob acaba atrapalhando todo o projeto de Paricot quando ensina várias línguas, gerando a discórdia entre os homens. Todo o episódio é recheado com a aura da galhofa:

> Foi ensinado várias línguas, até chegar no branco. "Como vai?", disse Andarob, já estendendo a mão, ensinando a dar a mão, como fazem os que não são índios (os índios não dão a mão). Ensinou todos os tipos de língua, que só ele sabe hoje. O outro sabia até mais, mas não queria ensinar, queria que falassem uma língua só. Paricot se conformou. Separou os índios e os brancos (MINDLIN, 1999, p. 57).

É interessante notar como Andarob não apenas desfaz o projeto de Paricot, como também trai o irmão ao bajular o povo de raça branca. Ele subverte a lei quando ensina aos brancos o estranho hábito do cumprimento de mãos, comportamento desconhecido dos índios. Espertamente, Andarob descobre que os brancos são mais poderosos e resolve logo se alinhar com eles. Andarob, como bom diplomata e bom malandro, permite a negociação entre povos inimigos. Andarob desempenha aqui o importante papel do *trickster*, cuja função é não perder de vista dois lados contrários e inverter uma situação unilateral para o seu oposto.

Analisando a figura do *trickster* em seu ensaio de 1954, Jung aponta para a função psicológica compensatória desta personagem, que surge para lembrar ao ego que ele possui conteúdos primitivos, de inferior qualidade espiritual, com os quais deve aprender a conviver. Segundo Jung, a simbologia do *trickster* possui um efeito psicoterapêutico, pois mantém, diante dos olhos do indivíduo altamente desenvolvido, um baixo nível moral e intelectual, para que a consciência não se desvincule totalmente de suas bases inconscientes (JUNG, [1954] 2000, § 480).

Vejamos outro exemplo da função do *trickster* na narrativa Aruá. Andarob, lá pelas tantas, fica enjoado com a inteligência do irmão. Portanto, para implicar, Andarob se torna amante da cunhada e insiste em burlar a lei: ele não quer fazer sexo pelos pés, quer penetrar na vagina da mulher. Desta forma Andarob acaba quebrando o vaso de óleo que ela guardava lá dentro. Esta imagem aponta para uma simbologia de conexão e de geração que antes não havia no mito. O óleo possui a propriedade de lubrificar as superfícies para tornar possíveis os encaixes e justaposições. Andarob, como *tricks-*

ter, é o guardião do poder de conexão das emoções inconscientes. Apesar de deter um baixo nível moral e intelectual, Andarob revela, diante do intelecto refinado de Paricot, que é necessário dar atenção aos conteúdos inferiores da psique. Como *trickster*, Andarob transgride as regras para que as funções instintivas, tais como o afeto e a sexualidade, não sejam para sempre banidas do novo mundo criado.

Na narrativa Aruá, Paricot, o irmão solar, e Andarob, o irmão sombrio, formam uma perfeita comunhão de opostos. Eles se complementam e se relativizam mutuamente. Quando Paricot se torna muito sério e chato, Andarob traz a irreverência e o bom humor. Um dos deuses cria, o outro brinca; se Paricot fica exausto de tanto trabalhar, Andarob vem mostrar que o descanso é uma bênção. Se Paricot tem ideias e o outro não, é porque a luz em excesso resseca e ofusca. E se Paricot cria para o irmão destruir, é porque a criação não existe sem um pouco de destruição.

Considerações finais

A narrativa Aruá foi aqui usada como um exemplo do que ocorre na maioria das cosmogonias indígenas do Brasil. Nestas, os dois deuses criadores, embora representando princípios opostos, não se excluem mutuamente, nem lutam entre si em um conflito épico. No final dos mitos a força luminosa se entrelaça à força sombria, formando uma imagem simbólica de equilíbrio. A reflexão termina aqui, apresentando a hipótese de que, talvez, possamos falar de uma visão de mundo indígena fundamentada na necessidade de assimilação da alteridade, e não na sua exclusão. Nos mitos indígenas parece não existir o padrão de domínio da identidade sobre a alteridade. Resta saber se esta imagem de harmonia entre luz e sombra é fruto de uma mera construção compensatória da narrativa indígena, ou se ela reflete uma realidade social de fato. E quais seriam as razões culturais para os mitos indígenas se estruturarem segundo este modelo? Deixaremos o desenvolvimento destas ideias para outra oportunidade.

Referências

BOECHAT, W. *A mitopoese da psique*. Petrópolis: Vozes, 2008.

COSTA E SILVA, A. *Lendas do índio brasileiro*. Rio de Janeiro: Ediouro, 1985.

JUNG, C.G. *Os arquétipos e o inconsciente coletivo*. Petrópolis: Vozes, 2000.

MINDLIN, B. *Terra grávida*. Rio de Janeiro: Rosa dos Tempos, 1999.

PERET, J.A. *Mitos e lendas Karajá*. Rio de Janeiro: Peret, 1979.

SCHADEN, E. *A mitologia heroica de tribos indígenas do Brasil*. Brasília: MEC, 1970.

VILLAS-BOAS, O. & VILLAS-BOAS, C. *Xingu, os índios, seus mitos*. São Paulo: Círculo do Livro, 1970.

VON FRANZ, M.-L. *O feminino nos contos de fadas*. Petrópolis: Vozes, 1995.

_____. *Creation Myths*. Dallas: Spring, 1972.

ZWEIG, C. & ABRAMS, J. (orgs.). *Ao encontro da sombra*. São Paulo: Cultrix, 1991.

# A tradição guarani e o eterno retorno

Gil Antonio de Britto Duque*

> *[...] E a afirmativa do índio Arru, que falava de outro céu acima do céu que aí está e ainda que "ela" está lá! Quem é "ela", Arru?*
>
> *– Ninguém, ninguém, somente uma sabedoria [...]. Afirmava com veemência:*
>
> *– Somente uma SABEDORIA!*
>
> Villas-Boas, 2000.

1 Introdução

Em 1953 foi publicada, nos *Boletins da Faculdade de Filosofia, Ciências e Letras* da Universidade de São Paulo, uma parte da primeira versão escrita das - ***ñe'eporãtenondé*** - as "Primeiras Palavras Formosas", os ensinamentos sagrados

---

* É médico, mestre em Medicina pela Universidade Federal do Rio de Janeiro; especialista em Homeopatia pela Associação Médica Homeopática Brasileira e Associação Médica do Brasil; analista em formação pelo Instituto Junguiano do Rio de Janeiro.

da tradição guarani. Essa narrativa, trazida pelo antropólogo Leon Cadogan, e chamada de **Ayvurapyta** – *Os fundamentos da linguagem humana*, relata parte da tradição oral do grupo Mbyá. Mais precisamente os Jeguaka-Tenondé do Paraguai, um antigo clã entre os índios guarani que resistiu ao contato com os colonizadores e não se catequizou, mantendo vivas muitas de suas tradições orais ancestrais (JEKUPÉ, 2001).

Um dos aspectos mais interessantes do universo mitológico dos guaranis são os mitos referentes ao fim e ao renascimento do mundo. Os mitologemas do fim do mundo e seu ressurgimento são encontrados em diversas culturas e trazem uma raiz arquetípica. Mitos como o dilúvio judaico-cristão, ou o *Ragnarök* descrito na cosmologia nórdica, são mitos fundadores em culturas que se tornaram hegemônicas e, por isso, escreveram a história. Mas o que pensar quando nos deparamos com uma mitologia tão complexa quanto desconhecida que jaz, em silêncio, na base cultural da principal matriz indígena de nosso povo?

Nosso objetivo é apresentar e discutir alguns aspectos da tradição ancestral guarani que chegaram até nós, relacionando-os com as concepções do homem, do fim do mundo e do renascimento, dentro da mitologia e da psicologia analítica.

2 Cosmologia guarani

Segundo Kaká Werá Jekupé (JEKUPÉ, 1998), os anciãos da raça vermelha detinham uma ciência chamada de **Arandu Arakuaa** que significa *A sabedoria dos ciclos do céu* e trata da lei dos ciclos da terra, do céu e do homem. Segundo essa visão, o universo foi criado em quatro grandes ciclos de desenvolvimento, que partem do imanifestado, o Um, o Pai-primeiro chamado **Namandu**, até a formação da Terra e do mundo material.

Esses quatro estágios são gerados gradualmente, em estágios sucessivos de materialização e diferenciação, formando um cosmo com quatro níveis ou quatro moradas sagradas ou *amba*, as quais são regidas por quatro grandes *Seres-Trovões* ou espíritos cocriadores: **Jakaira Ru Ete, Karaí Ru-Ete, Tupã Ru-Ete e Ñamandu Ru-Ete**. Essas divindades, após a formação da Terra, ocupam as quatro colunas de sustentação do mundo, *as quatro respirações da Grande-Mãe*, relacionadas com os quatro ventos, os quatro elementos e os quatro pontos cardeais. No centro está a Terra Mãe – *Ñande-Cy* – onde situa-se o eixo, o bastão de poder, a palmeira que (como a Yggdrasil dos nórdicos) é a coluna vertebral do mundo (JEKUPÉ, 2001). *Ñande-Cy* gira e dança entre os quatro cantos do espaço. Sua dança cósmica traz a tarefa de tornar-se uma Estrela Mãe, e cada ciclo que surge reflete-se em provas, desafios e aprendizados para todos os reinos (JEKUPÉ, 1998).

Coerente com a noção junguiana de um inconsciente tanto coletivo quanto pessoal, macro e microcósmico, os regentes guaranis também deram ao mundo quatro qualidades ou cantos musicais que brotam do caos inicial: *"ara yma, ara poty, ara pyaú ñemo kandire e arakuaracy-puku"* (JEKUPÉ, 2001). Esses quatro movimentos da criação se expressam através dos quatro ciclos da natureza: o inverno seco e vazio, a primavera que brota com as flores celestes, o verão com suas emanações de luz e calor e o outono que traz a semente da renovação em um outro ciclo. Já o surgimento da consciência como atributo humano, por sua vez, faz-se através de três movimentos: "o abrir-se, o desdobrar-se e o desatar-se de si [...]: *guero-jera, jera, mbo-jera*" (JEKUPÉ, 2001), que cria as sete dimensões sutis e materiais da realidade.

Ñande-cy, que está no centro dos quatro pilares, corresponde ao último ciclo: a Terra propriamente dita, a qual se manifesta nas duas partes complementares da realidade. A primeira, de natureza espiritual, é chamada pelos guaranis de **Yvy Mara Ey**, a Terra Sem Males, a morada dos antepassados; e a segunda, de natureza material, é chamada **Mara-ney**, a Terra de Provas, o mundo em que habitamos (JEKUPÉ, 1998).

3 O fim dos tempos

Segundo a mitologia guarani, ao final de um ciclo, quando os homens não realizam o aprendizado referente àquele estágio e durante sua passagem na Terra de Provas desnaturam e desequilibram as relações existentes no âmbito da Grande-Mãe, ocorre um aniquilamento. Esse fim dos tempos é conduzido pelo regente, pela divindade responsável por aquele ciclo. No último ciclo, regido por **Tupã**, a limpeza foi feita na forma de um grande dilúvio, assim descrito:

> No tempo de Tupã, o Senhor dos Trovões e Tempestades, Comandante das Sete Águas, o grande desafio foi o Poder. Sua bênção colocada na orelha esquerda chama-se *arandukua* (inteligência), e na orelha direita, *mbaekua* (sabedoria). Na cabeça humana fez sua pintura, chamada pensamento, que não é outra coisa senão seus raios e trovões sagrados em ação, cujo corpo são as águas das emoções e dos desejos que se movimentam para o criar e o destruir. Esse foi o mais difícil ciclo para a Mãe Terra, pois a humanidade quase a extinguiu, colocando em risco a Dança Sagrada da Galáxia pelo mau uso que fez do poder de criar [...] Tupã reagiu limpando todo o mal com o Sal da Terra. As águas abraçaram a Mãe para que ela não morresse desse mundo (JEKUPÉ, 1998).

4 O renascimento

Com a grande limpeza do mundo surge a esperança de um novo retorno e renovação. Esse renascimento se faz através da matriz pura da Terra Sem Males, da terra-céu, o paraíso arquetípico.

Todas as culturas do tronco tupi-guarani preservam a crença na Terra dos Antepassados, na *Yvy Mara Ey*. Esse mito, de origem proto-tupi, com a perda de suas raízes ancestrais e sua virtual literalização, estimulou uma grande migração desse povo, possivelmente iniciada há três mil anos. Essa grande migração para o leste, descrita por alguns antropólogos (FAUSTO, 2005), povoou todo o litoral brasileiro, antes quase despovoado, cinco séculos antes da chegada dos invasores europeus. Antes da migração houve entre os proto-tupi, também chamados tubuguaçu, uma verdadeira diáspora, levando a uma separação entre os Filhos do Sol (os tupinambás) e os Filhos da Lua (os guaranis). Liderados por seus pajés e seus *tamãi* (sábios), os tupinambás, expansionistas e belicosos, partiram do centro da América do Sul para o norte, seguindo os afluentes da bacia amazônica; enquanto os guaranis, mais introspectivos e vinculados aos cultos ancestrais, seguiram para o sul através dos afluentes da bacia do Prata (JEKUPÉ, 1998, 2001).

Os dois remanescentes do tronco Tupi, dispersos e enfraquecidos pela quebra de sua tradição e identidade comuns, buscaram, cada um à sua maneira, a Terra Sem Males, a qual, segundo seus guias, encontrava-se no nascente, ao leste. Ao se depararem com o oceano não puderam prosseguir e, contornando o litoral brasileiro, ao norte e ao sul, voltaram a se encontrar na futura costa brasileira. Esse reencontro ocorreu aproximadamente quinhentos anos antes da promessa do nascente se converter em maldição, ou seja: a escravidão e o aniquilamento trazidos pelos invasores europeus.

Eduardo Galeano, em seu livro *As caras e as máscaras*, descreve de forma poética o mito e a epopeia dos guaranis:

O jaguar azul romperá o mundo.

> Outra terra, a que não tem mal, a que não tem morte, vai nascer da aniquilação desta terra. Ela pede que seja assim. Pede a morte, pede o nascimento, esta terra velha e ofendida. Ela está cansadíssima e, de tanto chorar por dentro, ficou cega.
>
> Moribunda, atravessa os dias, lixo do tempo, e quando é noite inspira piedade às estrelas. Logo, logo, o Pai Primeiro escutará as súplicas do mundo, terra querendo ser outra, e então soltará o jaguar azul que dorme debaixo da sua rede.
>
> Esperando esse momento, os índios guaranis peregrinam pela terra condenada.
>
> – Você tem alguma coisa que dizer para nós, colibri?
>
> Dançam sem parar cada vez mais leves, mais voadores, e cantam os cantos sagrados que celebram o próximo nascimento da outra terra.
>
> – Lança raios, lança raios, colibri!
>
> Buscando o paraíso chegaram até as costas do mar e até o centro da América. Rodaram selvas e serras e rios, perseguindo a terra nova, a que será fundada sem velhice nem doença nem nada que interrompa a incessante festa de viver. Os cantos anunciam que o milho crescerá por sua conta e as flechas voarão sozinhas na floresta; e não serão necessários o castigo e o perdão, porque não haverá proibição nem culpa (GALEANO, 1999).

5 Discussão

Os tupi-guaranis foram os nativos que maior contato tiveram com os invasores europeus no litoral atlântico. Sendo os mais numerosos e os mais assimilados, formaram a principal matriz indígena racial, cultural e linguística do Brasil. O fato de sua riquíssima tradição mítico-religiosa ser para nós praticamente desconhecida tem raízes em questões culturais e antropológicas que não cabe discutir nesse trabalho, mas cabe aqui citar Orlando Villas-Boas quando diz que: "O índio é mais um teósofo do que um teólogo. Isso porque sua concepção de divindade é fruto de uma introspecção em que a fé deve nascer da intuição e não da doutrinação de outrem" (VILLAS-BOAS, 2000). Essa afirmação aponta não só para uma autonomia do universo religioso indígena, mas sobretudo para a relação íntima e vivencial que estabelecem com seus mitos e crenças, com seu mundo psíquico.

Ao nos depararmos com os mitos de criação, destruição e renascimento dos guaranis, chama-nos a atenção as inúmeras correlações e analogias que podemos estabelecer entre eles e os grandes sistemas míticos e religiosos conhecidos. A ocorrência dessas semelhanças tão expressivas, em povos histórica e geograficamente tão afastados, em nossa opinião, poderia ser explicada dentro da teoria do inconsciente coletivo de Jung. Boechat afirma que "os núcleos componentes de todos os mitos das diversas culturas, os mitologemas, representam estruturas mentais básicas de todos os homens. Estas moléculas estruturais do psiquismo são expressões do inconsciente coletivo" (BOECHAT, 1998).

Mircea Eliade em seu livro *Mito do Eterno Retorno* afirma que as sociedades arcaicas se relacionam com o tempo cíclico em detrimento do tempo histórico, isso por "sentirem-se indissoluvelmente vinculadas com o cosmo e os ritmos cósmicos". Dessa forma contextualizam uma "história sagrada, que pode ser repetida de maneira infinita, no sentido de que os mitos servem como modelos para cerimônias de reatualização periódica dos importantes eventos ocorridos no princípio dos tempos" (ELIADE, 1992).

Esse tempo cíclico, com ciclos de formação, declínio e restauração do cosmos, fazem parte da cosmologia guarani e, como vimos, são em número de quatro. Quatro eras ou idades, conforme encontramos nos mitos gregos e nas teorias dos grandes ciclos cósmicos. Em sua visão, o Apocalipse de João descreve quatro regentes: "os quatro seres viventes" diante e em torno do trono divino (a coluna central) e os "quatro anjos que guardam os quatro ventos" (§ 4, vers. 6). O quatro ou quatérnio significa ao mesmo tempo o sólido, o material, o manifestado na Terra, mas também a universalidade donde ela emana no sentido dos elementos que compõem o corpo da divindade. Buscando esclarecer o sonho de uma paciente, onde surge a imagem de quatro divindades que a circundam, Jung afirma que "a personalidade total é indicada pelos quatro pontos cardeais, os quatro deuses, isto é, as quatro funções que dão a orientação do espaço psíquico" e que o ponto central, o eixo, é "um símbolo de individuação" (JUNG, 2012).

A noção de um universo que é criado e destruído periodicamente é encontrada na tradição indiana no *Atharva-Veda* (ELIADE, 1992), e a mesma ideia do dilúvio está presente em tradições tão múltiplas quanto a judaica, suméria, africana, hindu, grega, maia, asteca, mapuche, pascuence e inca. O dilúvio, provocado pela interferência divina com o propósito de expurgar uma humanidade desviada, limpa e renova a Terra, engendrando um novo início. Essa renovação entre os guaranis se relaciona aos dois aspectos do mundo: **Yvy Mara Ey**, a Terra sem Males, o mundo dos ancestrais, e **Mara Ney** o mundo material, de provas e sofrimento. O Apocalipse de João também fala do paraíso como uma terra sem males, onde os escolhidos *"jamais terão fome, nunca mais terão sede, não cairá sobre eles o sol, e não terão mais ardor algum"* (§ 7, vol. 16), e ao fim de sua narrativa afirma: *"Vi novo céu e nova terra, pois o primeiro céu e a primeira terra passaram, e o mar já não existe"* (§ 21, vol. 1). Essa noção de dois mundos alternantes e complementares é trazida por Jung no que diz respeito à relação entre o inconsciente e o consciente, a qual, no processo de individuação, pode se desenvolver desde o conflito, com suas provas e desafios, até o "tornar-se si mesmo" unificando os opostos (JUNG, 2014). Nesse ponto, a imagem do colibri (o pássaro-alma), trazida por Galeano, é um elemento fundamental do pensamento guarani. O colibri habita a morada do coração e é uma grande expressão do sagrado, pois, como expressão da função transcendente, é "aquele que vem da morada de Tupã" (JEKUPÉ, 2001), o ágil mensageiro alado que liga o divino ao humano, um psicopompo multicor.

Interessante notar que o próprio termo Tupi é formado originalmente por duas palavras: tu = som e py = pé, assento. Tupi é o "som de pé" ou "som que tomou assento" e tornou-se consciente de si mesmo (*selbst*) ou de seu próprio som primordial. Ainda nas palavras de Jekupé: *"Uma tonalidade da Grande Música Divina colocada em pé, encarnada, dentro de um assento chamado corpo carne, para entoar a criação no mundo terreno, para ser na Terra o que sua essência sagrada é no céu"* (JEKUPÉ, 2001).

Dessa forma, Tupi é o homem consciente de sua totalidade, de seu *self*, a palavra-alma que brota do Grande Som

Primeiro, cuja essência manifestada é o ritmo gerador da vida. Já **Tupã-Tenondé** é expressão das palavras tu (som), pan (expansão, fluir) e tenondé (primeiro, início); ou seja, o som primordial que se expande e se manifesta. No início e no fim de cada grande ciclo existe **Ñamandu**, que é descrito, ao mesmo tempo, como o "Grande Mistério", o "Grande Um Imanifestado", e o responsável pela Terra, um Ser presente na tribo. Ele é o grande e o pequeno; o que antecede, permeia e finaliza todos os ciclos; é também, simultaneamente, o círculo que abarca e o eixo-coluna que está no centro. Uma clara analogia ao conceito junguiano de *self*, que é ao mesmo tempo a totalidade e o centro estruturador da *psique*.

No caso de **Tupã**, também encontramos a representação de um poderoso deus-trovão, semelhante a Zeus, Thor, um fogo cósmico (*Agnis-ekpyrosis*). Esse pai guarani da consciência traz para a humanidade dois presentes **arandukua** (inteligência) e **mbaekua** (sabedoria), que geram o pensamento (lampejos sagrados) e as emoções e desejos (águas sagradas), que juntas trazem o poder. O poder de criar e destruir.

Nesse ponto ressurge a questão do uso indevido da faculdade da consciência, onde os pensamentos, como luz manifestada, são raios e trovões sagrados. Jung também relaciona a consciência do eu como uma "multidão de luminosidades" e, citando os alquimistas, falas das *scintillae* (centelhas). Afirma que "a mente humana é também uma *scintilla* desta espécie, mais adiante compara as *scintillae* com os arquétipos e que "as centelhas provêm do *Rhuah Elohim*, do Espírito de Deus" (JUNG, 2012). Pois é a consciência, o pensar criativo como livre-arbítrio que, através da sedução do poder, provoca a destruição do mundo pelas águas.

Em analogia com os processos psíquicos, poderíamos falar que a destruição do mundo criado pela consciência luminosa é realizada pela invasão das águas turvas do inconsciente; e que seu ressurgimento em um novo ciclo se faz através das energias e padrões ancestrais, presentes na matriz purificada da Terra-Céu inconsciente – *Yvy Mara Ey*. Dessa forma Jung afirma no § 253 de seu livro *O eu e o inconsciente*: "Assim, pois, encaro a perda de equilíbrio como algo adequado, pois substitui uma consciência falha, pela atividade automática e instintiva do inconsciente, que sempre visa à criação de um novo equilíbrio" (JUNG, 2014).

6 Conclusão

Mesmo abordado de maneira superficial como fizemos, o universo da tradição indígena guarani nos mostra uma grande riqueza simbólica, a qual aponta para inúmeras considerações de ordem mitológica e psicológica. Queremos, com isso, justificar um estudo mais profundo e detalhado da tradição, ainda muito desconhecida, desse grupo étnico que se encontra na raiz da formação cultural e racial de nosso povo. Não é difícil perceber que essa sabedoria genuinamente brasileira, que se encontra perdida no passado, pode, com sua profundidade atemporal, nos auxiliar na construção de nossa própria individualidade pessoal e coletiva. Tzvetan Todorov em seu livro *A conquista da América – A questão do outro*, afirma que: "Colombo descobriu a América, mas não os americanos" (TODOROV, 2003); e os chamados "índios" foram tratados como selvagens incultos, pois alegava-se que não tinham alma e eram pouco diferentes de animais.

Os guaranis guardam em suas *ñe'eporãtenondé* poderosas expressões arquetípicas e culturais. Essa visão de mundo, universal e integralizante, talvez tenha o poder de nos aproximar de nossas raízes de uma forma que, até então, a história não permitiu. Nosso povo é fruto do mito e do complexo das três raças tristes, cujas desventuras e violência clamam em nosso sangue. As *primeiras palavras formosas* dos nossos irmãos guaranis falam à alma brasileira como uma luz que emerge das sombras. Podem nos mostrar um caminho de retorno aos fundamentos dos quais tanto carece nosso povo no mundo atual, pois, como diz Mircea Eliade (ELIADE, 1992): "Tudo que se precisa é de um homem moderno dotado de sensibilidade menos fechada para o milagre da vida; e a experiência da renovação renasceria para ele". Uma visão semelhante – *O sonho da pacificação do branco* – surge em 1784, na roda dos sonhos de uma aldeia xavante prestes a ser aniquilada. Essa mesma visão, dirigida a todos nós, repete-se no início do século XX, nas palavras da profecia do clã guarani Jeguaka, narrada por Pablo Werá:

> Depois de fundir-se o espaço e amanhecer um novo tempo, eu hei de fazer que circule a Palavra-Alma novamente pelos ossos de quem se põe de pé.
>
> E que voltem a encarnar-se as almas, disse nosso Pai Primeiro.
>
> Quando isso acontecer, Tupã renascerá no coração do estrangeiro; e os primeiros adornados novamente se erguerão na morada terrena por toda a sua extensão (JEKUPÉ, 2001).

Referências

BOECHAT, W. In: BRANDÃO, J.S. *Mitologia grega*. Vol. I. 3. ed. Petrópolis: Vozes, 1998, 404 p.

ELIADE, M. *Mito do Eterno Retorno*. São Paulo: Mercuryo, 1992, 175 p.

FAUSTO, C. *Os índios antes do Brasil*. 3. ed. Rio de Janeiro: Zahar, 2005, 94 p.

GALEANO, E. *As caras e as máscaras*. Porto Alegre: L&PM, 1999, 366 p.

JEKUPÉ, K.W. *Tupã Tenondé* – A criação do universo, da terra e do homem segundo a tradição oral guarani. São Paulo: Peirópolis, 2001, 107 p.

_____. *A terra dos mil povos*. 3. ed. São Paulo: Peirópolis, 1998, 115 p.

JUNG, C.G. *O eu e o inconsciente*. 26. ed. Petrópolis: Vozes, 2014, 196 p. [OC 7/2].

_____. *A natureza da psique*. 10. ed. Petrópolis: Vozes, 2012, 410 p. [OC, vol. 8/2].

TODOROV, T. *A conquista da América* – A questão do outro. 3. ed. São Paulo: Martins Fontes, 2003, 387 p.

VILLAS-BOAS, O. *A arte dos pagés* – Impressões sobre o universo espiritual do índio xinguano. São Paulo: Globo, 2000, 126 p.

REFLEXÕES JUNGUIANAS

Assessoria: Dr. Walter Boechat

Veja todos os livros da coleção em

livrariavozes.com.br/colecoes/reflexoes-junguianas

ou pelo Qr Code

Conecte-se conosco:

- **f** facebook.com/editoravozes
- **◉** @editoravozes
- **𝕏** @editora_vozes
- **▶** youtube.com/editoravozes
- **◉** +55 24 2233-9033

www.vozes.com.br

Conheça nossas lojas:

www.livrariavozes.com.br

Belo Horizonte – Brasília – Campinas – Cuiabá – Curitiba
Fortaleza – Juiz de Fora – Petrópolis – Recife – São Paulo

EDITORA VOZES   VOZES NOBILIS   Vozes de Bolso   Vozes Acadêmica

EDITORA VOZES LTDA.
Rua Frei Luís, 100 – Centro – Cep 25689-900 – Petrópolis, RJ
Tel.: (24) 2233-9000 – E-mail: vendas@vozes.com.br